中等职业教育
改革创新
系列教材

FINANCIAL ACCOUNTING

会计信息系统应用

王婧伊 任纪霞

主编

冯素平 刘婷婷

副主编

U0734643

人民邮电出版社

北京

图书在版编目（CIP）数据

会计信息系统应用 / 王婧伊，任纪霞主编. -- 北京：
人民邮电出版社，2024.10
中等职业教育改革创新系列教材
ISBN 978-7-115-64133-5

Ⅰ．①会… Ⅱ．①王… ②任… Ⅲ．①会计信息－财
务管理系统－中等专业学校－教材 Ⅳ．①F232

中国国家版本馆CIP数据核字(2024)第068842号

内 容 提 要

本书采用任务驱动模式编写，知识结构清晰，共分为 10 个项目，包括系统管理、基础设置、总账管理、工资管理、固定资产管理、购销存管理初始设置、采购与应付管理、销售与应收管理、库存与核算管理、报表管理等内容。

本书每个项目按照学习目标—情景导入—任务学习—课后实训四大模块循序渐进设计具体的教学内容，并且提供了丰富的教学资源和操作演示视频，适合作为中等职业学校会计信息系统应用课程的教材，也可以供社会在职人员使用。

♦ 主　　编　王婧伊　任纪霞
　　副 主 编　冯素平　刘婷婷
　　责任编辑　崔　伟
　　责任印制　王　郁　彭志环
♦ 人民邮电出版社出版发行　　北京市丰台区成寿寺路 11 号
　　邮编　100164　　电子邮件　315@ptpress.com.cn
　　网址　https://www.ptpress.com.cn
　　三河市兴达印务有限公司印刷
♦ 开本：787×1092　1/16
　　印张：14.75　　　　　　　　　2024 年 10 月第 1 版
　　字数：310 千字　　　　　　　 2024 年 10 月河北第 1 次印刷

定价：49.80 元
读者服务热线：(010)81055256　印装质量热线：(010)81055316
反盗版热线：(010)81055315
广告经营许可证：京东市监广登字 20170147 号

FOREWORD

前　言

　　移动物联网、人工智能、云计算、大数据等技术的应用，大大推动了网络时代的发展和知识经济时代的到来，会计信息化步入了以规范化、标准化、知识化、智能化、互联化、产业化为主要标志的第三次信息化浪潮的变革时代。会计信息化正朝着业财深度一体化、处理全程自动化、内外系统集成化、操作终端移动化、处理平台云端化、财务分析智能化等趋势发展。

　　党的二十大报告指出："统筹职业教育、高等教育、继续教育协同创新，推进职普融通、产教融合、科教融汇，优化职业教育类型定位。"培养适应新时代需要的会计信息化人才，不仅需要提供满足新形势需要的会计信息化知识体系和实训体系，而且需要基于信息化教学平台开展教学活动。

　　本书的主要特点如下。

　　1. 内容体系完整

　　本书采用任务驱动模式编写，内容完整，不仅包含了常用的财务部分，也详细介绍了业务部分，充分体现了业务财务深度融合的会计信息化发展理念，涵盖了会计信息化软件所应具备的大部分内容。

　　2. 知识结构清晰

　　本书结构完整，具有较强的可操作性。本书将每个项目设计成四大模块，体现渐进式内容设计。

　　① 学习目标：体现学生学习每个项目后应具备的知识、能力和素养。

　　② 情景导入：模拟一个与本项目内容相关的企业案例，使学生了解本项目内容在企业实际运行中如何应用。

③ 任务学习：将每个项目拆分成具体的任务，每个任务又包含以下几个部分。

- ◆ 任务描述：具体要完成的工作任务。
- ◆ 任务准备：完成本任务应具备的理论知识。
- ◆ 任务实施：完成任务的详细步骤。

④ 课后实训：提供具体的实验内容，供学生无障碍上机练习。

3. 案例导入教学

本书以企业会计信息系统的实际应用为导向，运用"教学做"一体化模式组织教学内容。因此，各项目在开始部分先介绍一个模拟企业案例，让学生体会企业需求与应用模式，在此基础上，带领学生学习相关理论知识，并通过上机实验加深理解。

4. 突出实践能力培养

在深入调研我国中小企业业务财务一体化现状的基础上，编者结合专业课程标准编写了本书。"学以致用"是本书突出的特色。在任务学习部分，每个任务实施的操作步骤详细完整，并配有演示视频。在课后实训部分，实训目的明确，实训资料翔实，方便学生自主练习，从而更好地掌握各项目内容。

5. 教学资源丰富

本书提供了教学大纲、教案、课件、教学视频等教学资源，极大地方便了教师教学和学生自学。

本书编写团队由教学经验丰富的一线教师组成。王婧伊、任纪霞担任主编，冯素平、刘婷婷担任副主编，王璨、姚芳柔参编。

感谢畅捷通信息技术股份有限公司对本书的大力支持。感谢本书的所有读者，希望本书能对你们有所帮助。

由于作者水平有限，对于书中疏漏之处，恳请广大读者给予批评指正。

编者

2024 年 6 月

CONTENTS

目 录

项目一

系统管理

🔒 **学习目标**

知识目标

- 理解系统管理员和账套主管的区别
- 了解账套信息内容
- 掌握操作员设置、账套备份、账套恢复、账套修改的步骤

能力目标

- 会进行期初建账
- 会进行操作员的增加、修改、删除
- 会进行操作员权限设置
- 会进行账套备份、账套恢复和账套修改

素养目标

- 能够独立思考、自主学习
- 能够快速适应新的学习环境

情景导入

北京华腾电子科技有限公司（以下简称为"公司"）成立于 2022 年，位于北京市海淀区中关村北大街 118 号，邮政编码为 100028，法人代表为楚雄，联系电话及传真均为 010-62495499，电子邮箱为 zht@126.com，税务登记号为 110117329878622，开户银行为中国工商银行北京分行中关村分理处，账号为 831658796225。

该公司属于高新科技企业，从事软件产品研发及销售，采用小企业会计准则（2013 年）核算体系，记账本位币为人民币。该公司有外币业务，由于存货、客户、供应商比较多，需要对其进行分类管理。会计科目最多核算到四级。

公司领导层决定，2022 年 1 月正式启用畅捷通 T3 软件（以下简称为"T3 软件"），手工核算与计算机核算并行。公司委派财务部经理丁力全面负责软件的上线工作。

财务部经理丁力组织财务部及相关业务人员开会讨论，确定了如下事项。

（1）确定公司建账资料，并于 2022 年 1 月 1 日启用总账模块进行会计核算。

（2）确定公司会计信息化岗位责任制，具体见表 1-1。

表 1-1　软件应用操作员及操作权限分工

姓名	工作岗位	工作职责	工作权限
丁力	账套主管	负责财务软件运行环境的建立，以及各项初始设置工作；负责财务软件的日常运行管理工作，监督并保证系统的有效、安全、正常运行；负责总账系统的凭证审核、记账、账簿查询、月末结账工作；负责报表管理及其财务分析工作	具有账套管理所有的权限
王蒙蒙	出纳	负责出纳签字、日记账查询、银行对账工作	具有出纳签字权限及现金管理的全部权限

续表

姓名	工作岗位	工作职责	工作权限
秦艳	会计	负责总账管理、编制财务报表，以及工资、固定资产、应收款、应付款的管理，开具发票，完成纳税申报工作	具有公共目录设置、总账管理、编制财务报表，以及工资、固定资产、应收款、应付款管理，开具电子发票、纳税申报的权限
曾楠	采购主管	负责采购与应付、库存和核算等相关业务	具有公用目录设置、采购管理、应付管理、库存管理、核算管理的权限
侯勇	销售主管	负责销售与应收、库存和核算等相关业务	具有公用目录设置、销售管理、应收管理、库存管理、核算管理的权限
江海北	库管员	负责采购与应付、库存和核算等相关业务	具有公用目录设置、库存管理、核算管理的权限

任务学习

任务一　注册系统管理

任务描述

以系统管理员（admin）的身份注册系统管理。

任务准备

鉴于系统管理模块在整个会计信息系统中的地位和重要性，需要对登录系统管理的人做出严格界定。系统只允许以两种身份注册进入系统管理，一是以系统管理员（admin）的身份，二是以账套主管的身份。

1. 系统管理员

系统管理员负责整个系统的总体控制和数据维护工作，可以管理该系统中所有的账套。具体权限如下。

（1）进行账套的建立、引入和输出。

（2）设置操作员。

（3）设置和修改操作员的权限；指定账套主管等。

2．账套主管

账套主管负责具体所选账套的维护工作，具体权限如下。

（1）对所选账套参数进行修改。

（2）对年度账的管理，包括年度账的建立、清空、引入、输出和结转上年数据等。

（3）该账套操作员权限的设置。

由于首次运行软件时还没有建立核算单位的账套，因此选择由系统默认的管理员 admin 登录。

任务实施

（1）双击 图标，打开"系统管理"窗口。

（2）执行"系统"→"注册"命令，打开"注册〖控制台〗"对话框。

（3）输入用户名为"admin"，系统默认管理员密码为空，单击"确定"按钮，如图 1-1 所示。

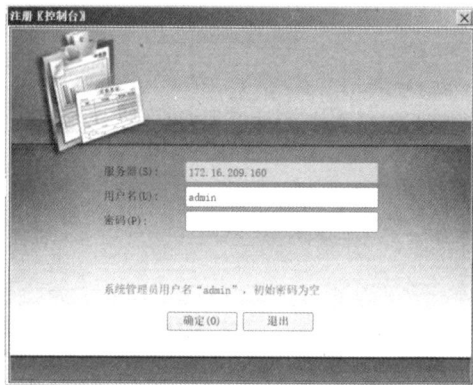

图 1-1　"注册〖控制台〗"对话框

任务二　建立账套

任务描述

账套具体信息如下。

（1）账套信息。账套号：001；账套名称：华腾科技；账套路径：默认；启用会计期：2022 年 1 月；会计期间设置：1 月 1 日至 12 月 31 日。

（2）单位信息。单位名称：北京华腾电子科技有限公司；单位简称：华腾科技；地址：北京市海淀区中关村北大街 118 号。

（3）核算类型。记账本位币：人民币（RMB）；企业类型：工业；行业性质：小企业会计准则（2013 年）；要求按行业性质预置会计科目。

（4）基础信息。该企业有外币核算，进行经济业务处理时，需要对存货、客户、供应商分类。

（5）编码方案。科目编码级次：4222；客户和供应商分类编码级次：222；部门编码级次：122；收发类别编码级次：12；结算方式编码级次：12。

（6）数据精度。采用系统默认值。

（7）系统启用。启用总账模块、工资管理模块、固定资产模块、购销存模块、核算模块，启用时间为"2022 年 1 月 1 日"。

任务准备

只有系统管理员有权建立账套。建立账套就是在系统中建立企业的基本信息、核算方法、编码规则等，也称为建账，在此基础上才能启用 T3 软件的各个子功能，进行日常业务处理。

建立账套的内容如下。

（1）账套信息：包括账套号、账套名称、账套启用日期及账套路径。

账套号是区分不同账套数据的唯一标志。

账套名称一般用来描述账套的基本特性，可以用核算单位简称或该账套的用途命名。账套名称可以不唯一。

账套启用日期用于规定该企业用会计软件进行业务处理的起点，一般要指定年、月。启用日期在初始设置时设定，一旦启用不可更改。在确定账套启用日期的同时，一般还要设置企业的会计期间，即确认会计期间的起始日期和结账日期。

账套路径用来指明账套在计算机系统中的存储位置。为方便操作，软件中一般预设一个存储位置，称其为默认路径，该路径允许操作员更改。

（2）单位信息：包括单位名称、单位简称、地址、邮政编码、法人、通信方式等。在以上各项信息中，单位名称是必填项，因为打印发票时要使用企业全称，其余地方一般使用单位简称。

（3）核算类型：包括记账本位币、企业类型、行业性质、账套主管等。

记账本位币是企业必须明确指定的，通常系统默认为"人民币"，很多软件也提供以某种外币作为记账本位币的功能。为了满足多币种核算的要求，系统还提供设置外币及汇率的功能。

企业类型是区分不同企业业务类型的必要信息，选择不同的企业类型，系统在业务处理范围上有所不同。

行业性质表明企业所执行的会计准则,决定企业使用的一级会计科目。系统一般内置不同会计准则的一级科目供操作员使用,操作员可以根据本单位的实际需要增设或修改必要的明细核算科目。

(4)基础信息:包括是否有外币核算;是否进行客户、供应商、存货分类。

(5)编码方案:企业使用的各类基础档案,通常需要编码。编码方案设置可方便进行分级核算、统计和管理,一般包括科目编码、存货分类编码、地区分类编码、客户分类编码、供应商分类编码、部门编码和结算方式编码等。

编码方案又叫编码规则,包括级次和级长两部分。级次是指编码共分几级,级长是指每级编码的数字位数。编码方案的设置取决于核算单位经济业务的复杂程度、核算与统计要求。

例如:科目编码方案为 4-2-2-2,表示科目编码分为四级,一级编码为 4 位,由财政部规定,二~四级编码为 2 位,由企业自定。表 1-2 所示为应交税费各明细科目的编码情况。

表 1-2　应交税费各明细科目的编码情况

一级科目	二级科目	三级科目	全编码
应交税费(2221)	应交增值税(01)	进项税额(01)	22210101
		销项税额(02)	22210102
	应交所得税(02)		222102

(6)数据精度:定义数据的保留小数位数。

(7)系统启用:确定系统中各模块的启用日期。

任务实施

(1)在"系统管理"窗口中,执行"账套"→"建立"命令,打开"添加账套"对话框,如图 1-2 所示。

(2)输入账套号"001",账套名称"华腾科技";账套路径(默认);输入启用会计期"2022 年 1 月"。

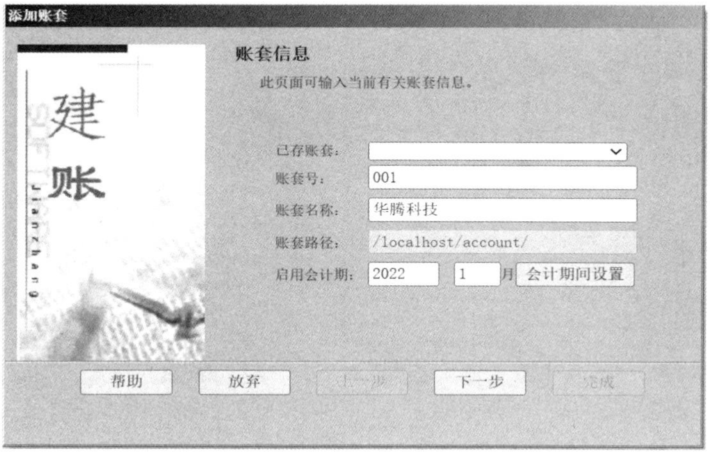

图 1-2 添加账套——账套信息

注意

◆ 账套：应用单位具有的一套独立的账簿体系称为一个账套。会计核算软件允许用一个软件同时为多个应用单位进行会计核算管理，具有多账套管理功能。

◆ 已存账套：系统将已经存在的账套以下拉列表框的形式在此栏目中显示，用户只能参照，而不能输入或修改。

◆ 账套号：用来输入新建账套的编号，账套号为 3 位。系统提供默认的账套号，用户可以修改，账套号的取值范围为 001～999，用户输入的账套号不能与系统内已有的账套号相同。本例输入"001"。

◆ 账套名称：用来输入新建账套的名称，为必填项，输入字符不能超过 40 个。本例输入"华腾科技"。

◆ 账套路径：用来输入保存新建账套的路径，本例采用系统默认路径。

◆ 启用会计期：用户必须输入新建账套将被启用的时间。可单击"会计期间设置"按钮，设置账套的启用年度和月度。

（3）单击"下一步"按钮，进行单位信息设置。输入单位名称"北京华腾电子科技有限公司"，单位简称"华腾科技"，其余信息可根据实际情况输入，如图 1-3 所示。

（4）单击"下一步"按钮，进行核算类型设置。输入本币代码"RMB"，本币名称"人民币"，企业类型"工业"，行业性质"小企业会计准则（2013年）"，勾选"按行业性质预置科目"复选框，如图 1-4 所示。

图1-3　添加账套——单位信息

图1-4　添加账套——核算类型

（5）单击"下一步"按钮，进行基础信息设置。勾选"存货是否分类""客户是否分类""供应商是否分类""有无外币核算"4个复选框，如图1-5所示。

（6）单击"完成"按钮，系统弹出提示信息"可以创建账套了么？"，单击"是"按钮，创建账套后，打开"编码级次"对话框。设置科目编码级次为"4-2-2-2"，存货分类编码级次为"2-2"，其他采用默认值，如图1-6所示。

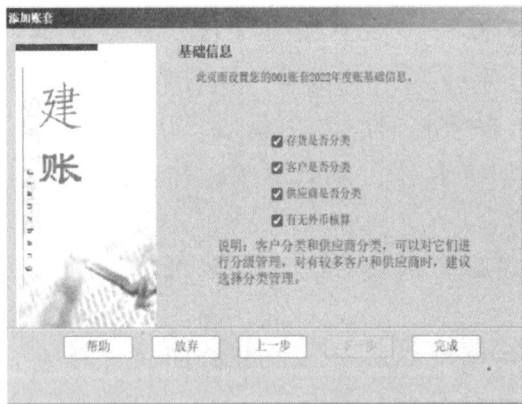

图1-5　添加账套——基础信息

项目	最大级数	最大长度	单级最大长度	是否分类	第1级	第2级	第3级	第4级	第5级	第6级	第7级	第8级	第9级
科目编码级次	9	15	9	是	4	2	2	2					
客户分类编码级次	5	12	9	是	2	2							
部门编码级次	5	12	9	是	1	2							
地区分类编码级次	5	12	9	是	2	3	4						
存货分类编码级次	8	12	9	是	2	2							
货位编码级次	8	20	9	是	1	1	1	1	1	1	1	1	
收发类别编码级次	3	5	9	是	1	2							
结算方式编码级次	2	3	9	是	1								
供应商分类编码级次	5	12	9	是	2	2							

说明：背景色为灰色的，用户不能调整

图1-6　添加账套——编码级次

📝注意

编码级次和各级编码长度的设置将决定用户单位如何编制基础数据的编号，进而构成用户分级核算、统计和管理的基础。各项编码级次的设置应遵从系统定义的规则，设置方法基本相同，只需要单击要修改的编码方案中的级次单元格。背景显示为蓝色，就可以按数字键修改系统默认的位数。

　　设置的编码方案级次不能超过最大级次。系统限制最大长度，只能在最大长度范围内增加级数，改变级长。若需要删除级长，必须从末级开始。

　　（7）单击"确认"按钮，打开"数据精确度定义"对话框，进行数据精度定义。所有小数位数均设置为2位，如图1-7所示。

　　（8）单击"确认"按钮，创建账套成功，系统提示"是否立即启用账套？"，单击"确定"按钮，打开"系统启用"对话框。

　　（9）勾选系统编码列的"GL"复选框，弹出"日历"对话框，选择日期"2022年1月1日"，如图1-8所示。以同样的方式启用工资管理、固定资产、购销存、核算等模块，最后单击"退出"按钮。

图 1-7　添加账套——数据精确度定义　　　　图 1-8　添加账套——设置账套启用日期

注意

　　账套路径用来确定新建账套将要放置的位置，系统默认，不可更改。

　　建立账套后，可立即启用要使用的模块，也可以不立即启用。当需要使用某个模块时，可以账套主管的身份注册系统管理，启用该模块。

任务三　设置操作员

任务描述

　　设置操作员，操作员资料如表1-3所示。

表 1-3　操作员资料

编号	姓名	口令	所属部门
101	丁力	1	财务部
102	王蒙蒙	2	财务部
103	秦艳	3	财务部
104	曾楠	4	采购部
105	侯勇	5	销售部
106	江海北	6	仓储部

任务准备

操作员指有权登录系统并对系统进行操作的人员。使用企业会计信息化软件时，须先明确指定各系统授权的操作人员，并对操作人员的使用权限进行明确规定，以避免无关人员对系统进行非法操作，同时也可以对系统所包含的各个功能模块的操作进行协调，使得流程顺畅，从而保证整个系统与会计数据的安全性和保密性。

操作员管理包括操作员的增加、修改和删除，必须以系统管理员的身份进行设置，账套主管不能设置操作员。

操作员设置的内容包括编号、姓名、口令、所属部门等。

任务实施

微课 1-2

设置操作员

（1）在"系统管理"窗口，执行"权限"→"操作员"命令，打开"操作员"窗口。单击"增加"按钮，打开"增加操作员"对话框。

（2）按表 1-3 所示的资料输入操作员信息，如图 1-9 所示。单击"增加"按钮，系统提示"添加成功"，然后单击"确定"按钮，再增加下一位操作员。操作员全部增加完成后，单击"退出"按钮返回。

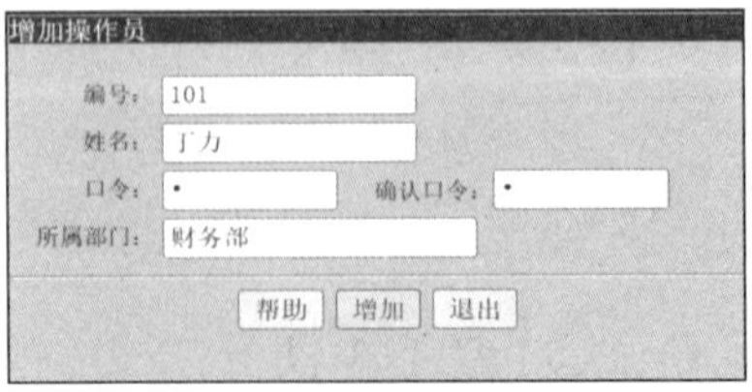

图 1-9　设置操作员

注意

只有系统管理员才有权限设置操作员。操作员编号在系统中必须唯一，即使是不同的账套，操作员编号也不能重复，所设置的操作员一旦被引用，便不能被修改和删除。

◆ 编号：必须输入，不能为空，最长不能超过 10 个字符，不能输入数字之外的非法字符。

◆ 姓名：必须输入，不能为空，最长不能超过 10 个字符，不能输入数字、字母、汉字之外的非法字符。

◆ 口令：可以为空，最长不能超过 20 个字符，输入时以隐含符号"·"代替输入信息。

◆ 确认口令：不能输入非法字符。必须与前面输入的口令完全一致，否则不允许进行下一项内容的输入，也不允许保存该用户信息。

◆ 所属部门：可以为空，最长不能超过 20 个字符，不能输入非法字符。

任务四 分配权限

任务描述

根据表 1-1 设置操作员的权限。

说明

为操作方便，上述权限做了简化处理。

任务准备

企业需要对系统中的所有操作员进行分工，设置各自相应的操作权限。

只有系统管理员和账套主管有权进行权限设置。系统管理员拥有所有的操作权限，可以指定某账套的账套主管，建立其他用户和用户组并为其授权。

一个账套可以设定多个账套主管，账套主管自动拥有该账套的所有权限。操作员权限的设置包括增加、修改、删除操作员等。

微课 1-3

分配权限

任务实施

（1）在"系统管理"窗口，执行"权限"→"权限"命令，打开"权限"窗口。

（2）设置账套主管操作权限。选择账套为"001"、年度为"2022"，选择操作员全名为"丁力"，勾选"账套主管"复选框，弹出"确认信息"对话框，单击"确定"按钮，如图1-10所示。

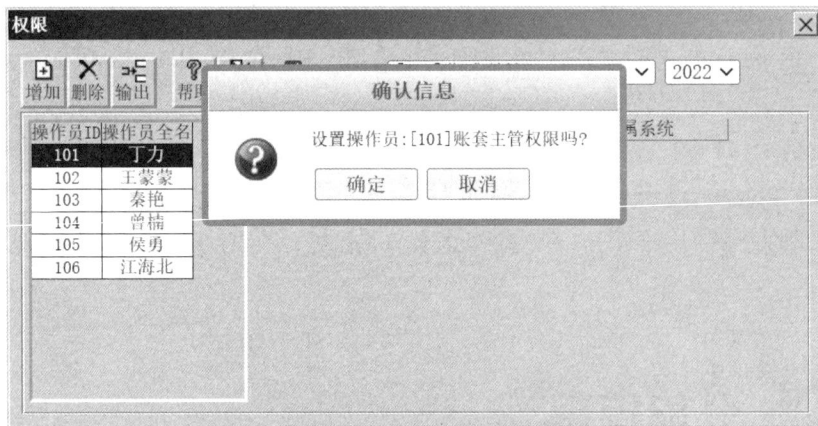

图 1-10　设置账套主管权限

（3）设置出纳操作权限。选择账套为"001"、年度为"2022"，选择操作员全名为"王蒙蒙"，单击工具栏中的"增加"按钮，打开"增加权限"对话框。首先在"产品分类选择"列找到"现金管理"并双击左侧"授权"列；然后单击选择"总账"，在"明细权限选择"列找到"出纳签字"并双击左侧"授权"列。操作结果如图1-11所示。

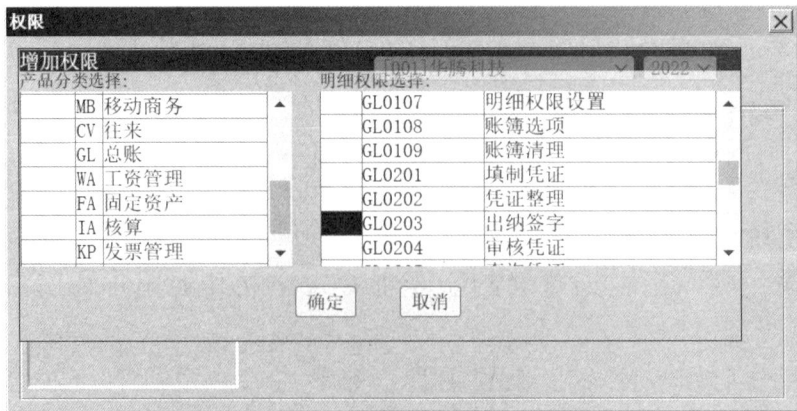

图 1-11　设置出纳操作权限

（4）单击"确定"按钮。同理，设置其他操作员的操作权限。

任务五 备份账套

📖 任务描述

输出 001 账套数据到"C:\备份"文件夹中。

☕ 任务准备

账套备份是将系统产生的数据备份到本地硬盘或其他存储介质，也叫账套输出。只有系统管理员有权备份账套。

微课 1-4

备份账套

📖 任务实施

（1）创建"C:\备份"文件夹，执行"账套"→"备份"命令，打开"备份账套"对话框。在"选择要备份的账套"栏选择"[001]华腾科技"，单击"备份导出"按钮，如图 1-12 所示。

图 1-12　备份账套

（2）在弹出的信息提示框中单击"确定"按钮，系统压缩完成所选账套数据后，生成默认文件名。选择备份文件夹，单击"保存"按钮，再单击"完成"按钮退出。

📝注意

只有系统管理员才能备份账套数据。备份的账套数据名为"*.dat"。账套数据必须先备份输出到本地硬盘上，然后根据需要复制到 U 盘或移动硬盘上，以便妥善保存。

任务六　恢复账套

✎ 任务描述

从"C:\备份"文件夹中引入 001 账套数据到系统中。

☕ 任务准备

恢复账套也叫引入账套，是指将系统外某账套数据引入本系统中。备份的账套数据，必须通过恢复账套功能引入系统后才能使用。只有系统管理员有权恢复账套。

微课 1-5

恢复账套

✎ 任务实施

（1）执行"账套"→"恢复"命令，打开"恢复账套"对话框，单击"选择文件"按钮，如图 1-13 所示。

图 1-13　恢复账套

（2）打开"C:\备份"，选择账套文件，引入账套。单击"打开"按钮，再单击"导入"按钮。系统提示"您确定要进行导入吗？"

（3）单击"OK"按钮。若系统中存在相同账套，则询问是否覆盖。账套恢复后，单击"完成"按钮。

任务七　修改账套

✎ 任务描述

修改 001 账套数据，将单位简称修改为"北京华腾"。

任务准备

账套建立完成后，在未使用之前，可以根据业务需要对某些已设定的内容进行调整。修改账套需以账套主管身份进行。

微课 1-6

修改账套

任务实施

（1）在"系统管理"窗口，执行"系统"→"注册"命令，打开"注册〖控制台〗"对话框。输入用户名"101"，密码"1"；选择账套"001"，会计年度"2022"。

注意

如果此前以系统管理员的身份注册进入系统管理，那么需要首先执行"系统"→"注销"命令，注销当前系统操作员，再以账套主管的身份登录。

（2）单击"确定"按钮，打开"系统管理"窗口。然后执行"账套"→"修改"命令，打开"修改账套"对话框。可修改的账套信息以白色显示，不可修改的账套信息以灰色显示。按要求修改，修改账套如图 1-14 所示。

修改账套

单位信息

此页面输入贵单位的单位信息。

单位名称：	北京华腾电子科技有限公司
单位简称：	北京华腾
单位地址：	北京市海淀区中关村北大街118号
法人代表：楚雄	邮政编码：100028
联系电话：010-62495499	传真：
电子邮件：zht@126.com	
税号：110117329878622	
银行名称：中国工商银行北京分行中关村分理处	
银行账号：831658796225	
备注一：	
备注二：	

帮助　放弃　上一步　下一步　完成

图 1-14　修改账套

（3）按建立账套的顺序继续操作，最后系统提示"修改账套成功！"。

注意

修改账套时，很多参数不能修改，对于不能修改的账套参数，只能将账套删除并重新建立账套。因此，在建立账套时要确定好各参数并谨慎输入。

课后实训

【实训目的】

1. 理解系统管理在整个系统中的作用。

2. 熟悉备份账套、恢复账套和修改账套操作。

3. 掌握建立账套、设置操作员和分配权限操作。

【实训要求】

1. 以系统管理员（admin）的身份进行建立账套、设置操作员、分配权限、备份账套和恢复账套操作。

2. 以账套主管田丰收（编号：101；密码：1）的身份进行修改账套操作。

【实训内容】扫描二维码，获取详细内容。

实训一

系统管理

项目二

基础设置

🔒 学习目标

知识目标

- 了解信息门户
- 掌握机构档案、往来单位档案、财务档案和收付结算档案的设置方法

能力目标

- 能够独立注册信息门户
- 能够设置机构档案、往来单位档案、财务档案和收付结算档案

素养目标

- 能够独立思考、自主学习
- 树立一丝不苟、严谨认真的作风

情景导入

北京华腾电子科技有限公司共设置了 6 个一级部门，分别是企管办、财务部、采购部、销售部、生产部和仓储部，其中销售部又分为销售一部和销售二部。该公司拥有 9 名员工（简化处理）。

该公司的客户按业务往来关系分为批发商、代理商和零散客户，地区分为北方和南方。北方地区客户有北华管理软件学院、天友电子技术公司和北京图书大厦。该公司供应商主要有新华印刷厂、众诚软件和北京圆通快递公司，长期稳定，不需要分类管理。

该公司进行美元外币核算，汇率为 1∶6.6。该公司在按照小企业会计准则（2013 年）预置会计科目的基础上进行会计科目体系优化。

该公司的凭证类别分为三类——收款凭证、付款凭证和转账凭证，要求设置 3 种凭证类别的限制类型。

该公司的结算方式多样化，有现金结算、支票结算和汇票结算等，付款条件也有相应的优惠。

任务学习

基础档案是指计算机系统运行必需的基础数据。财务部分基础档案包括机构档案、往来单位档案、财务档案、收付结算档案等，业务部分基础档案包括存货档案和业务档案。本项目只介绍财务部分基础档案的设置。

任务一 注册信息门户

任务描述

以账套主管丁力的身份注册信息门户。输入或选择如下信息：操作员"101"，密码"1"，账套"[001]华腾科技"，会计年度"2022"，操作日期"2022-01-01"。

任务准备

T3 软件信息门户是进行会计信息化应用的统一入口。进入信息门户后，可进行基础设置、总账、财务报表、工资、固定资产、采购、销售、库存、核算等模块的相应操作。

任务实施

（1）双击 图标，打开"注册〖控制台〗"对话框。

（2）输入用户名"101"，密码"1"；选择账套"[001]华腾科技"，会计年度"2022"；输入日期"2022-01-01"。结果如图 2-1 所示。单击"确定"按钮，进入 T3 软件主界面。

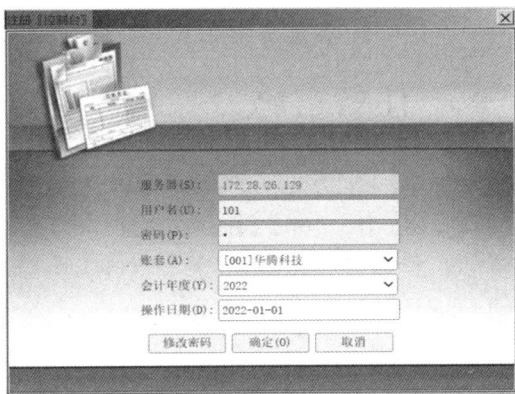

图 2-1 启动和注册企业信息门户

任务二 设置机构档案

子任务一 设置部门档案

任务描述

设置部门档案，部门档案如表 2-1 所示。

表 2-1 部门档案

部门编码	部门名称	部门属性
1	企管办	行政管理
2	财务部	财务管理
3	采购部	采购供应
4	销售部	市场销售
401	销售一部	市场销售
402	销售二部	市场销售
5	生产部	生产组装
6	仓储部	物料存储

任务准备

部门是指与企业财务核算或业务管理相关的职能单位。在会计核算中，往往需要按部门进行分类汇总和分析。设置部门档案即按照已经定义好的部门编码级次输入部门信息，包括部门编码、部门名称、负责人、部门属性等信息。

微课 2-1

设置部门档案

任务实施

（1）执行"基础设置"→"机构设置"→"部门档案"命令，打开"部门档案"窗口。

（2）在"部门档案"窗口中，单击"增加"按钮，输入部门信息。输入部门编码"1"，部门名称"企管办"，部门属性"行政管理"，如图 2-2 所示。

（3）单击"保存"按钮。

同理，增加其他部门档案信息。

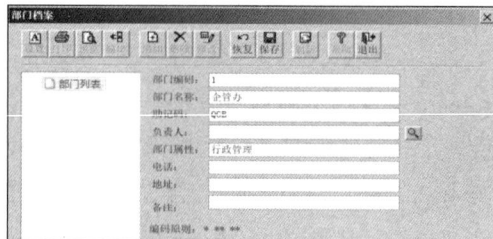

图 2-2 设置部门档案

子任务二 设置职员档案

任务描述

设置职员档案，职员档案如表 2-2 所示。

表 2-2 职员档案

职员编号	职员姓名	所属部门	职员属性
101	楚雄	企管办	总经理
201	丁力	财务部	部门经理
202	王蒙蒙	财务部	出纳
203	秦艳	财务部	会计
301	曾楠	采购部	部门经理
401	侯勇	销售一部	部门经理
402	张茜	销售二部	部门经理
501	李安	生产部	生产主管
601	江海北	仓储部	仓储主管

任务准备

职员档案主要用于设置要进行个人核算的往来个人的名称以及其他模块所涉及的职员名称，即记录本单位使用系统的职员列表，包括职员编号、职员名称、所属部门及职员属性等。

微课 2-2

设置职员档案

任务实施

（1）执行"基础设置"→"机构设置"→"职员档案"命令，打开"职员档案"窗口。

（2）输入职员编号"101"，职员名称"楚雄"；选择所属部门"企管办"；输入职员属性"总经理"。操作结果如图 2-3 所示。

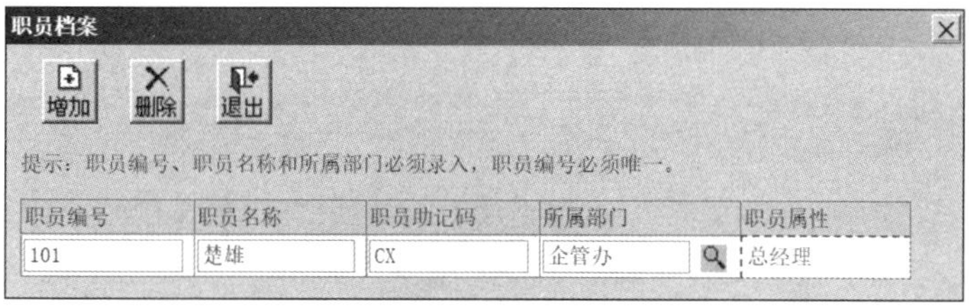

图 2-3　设置职员档案

（3）单击"增加"按钮，继续设置其他职员档案信息。设置完毕，单击"退出"按钮。

> 注意
>
> 第一个人员的信息在"职员档案"窗口直接录入。
>
> 职员编号、职员名称、所属部门必须输入，且职员编号必须唯一。
>
> 录入完成，按回车键确认才能保存职员档案信息。

任务三　设置往来单位档案

子任务一　设置客户分类

任务描述

设置客户分类，客户分类如表 2-3 所示。

表 2-3　客户分类

客户类别编码	客户类别名称
01	批发商
02	代理商
03	零散客户

任务准备

在企业中如果往来客户较多，为了便于对客户进行分类统计和汇总，可以对客户进行分类，客户分类设置主要是设置客户类别编码和类别名称。客户类别编码必须按编码方案中的编码原则进行设置。已经使用的客户分类不能删除，非末级客户分类也不能删除。

微课 2-3

设置客户分类

任务实施

（1）执行"基础设置"→"往来单位"→"客户分类"命令，打开"客户分类"窗口，单击"增加"按钮。

（2）输入数据。输入类别编码"01"，类别名称"批发商"，如图 2-4 所示。

（3）单击"保存"按钮。

同理，增加其他客户分类信息。

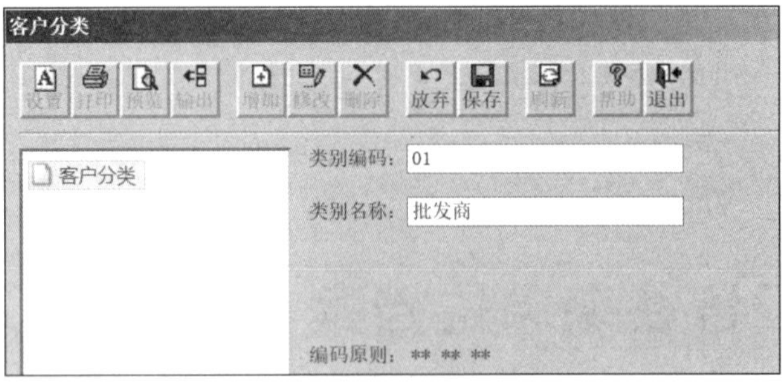

图 2-4　设置客户分类

注意

在建立账套时如果勾选了"客户是否分类"复选框，则在此必须设置客户分类，否则将不能设置客户档案。

子任务二　设置客户档案

任务描述

设置客户档案，客户档案如表 2-4 所示。

表 2-4　客户档案

客户编号	客户名称	客户简称	所属分类码	税号	开户银行	账号	分管部门	专营业务员
001	北华管理软件学院	北华管理	01	32673873070 03053890	工行北京分行	11015892349	销售一部	侯勇
002	天友电子技术公司	天友	03	1104298391 011412	工行天津分行	22100032341	销售二部	张茜
003	北京图书大厦	北京图书大厦	02	1203243242 342113	工行北京分行	10210499852	销售二部	张茜

任务准备

企业如果需要进行往来管理，那么必须将客户的详细信息录入客户档案中。建立客户档案直接关系到对客户数据的统计、汇总和查询等分类处理。如果在建账时勾选了"客户是否分类"复选框，就必须先建立客户分类，再增加客户档案；若对客户没有进行分类管理的需求，可以直接建立客户档案。

任务实施

（1）执行"基础设置"→"往来单位"→"客户档案"命令，打开"客户档案"窗口，选择"01 批发商"，单击"增加"按钮，打开"客户档案卡片"对话框。

（2）单击"基本"页签，输入客户编号"001"，客户名称"北华管理软件学院"，客户简称"北华管理"，税号"326738730703053890"，开户银

微课 2-4

设置客户档案

行"工行北京分行"，银行账号"11015892349"，如图2-5所示。单击"其他"页签，选择分管部门"销售一部"，输入专营业务员"侯勇"。

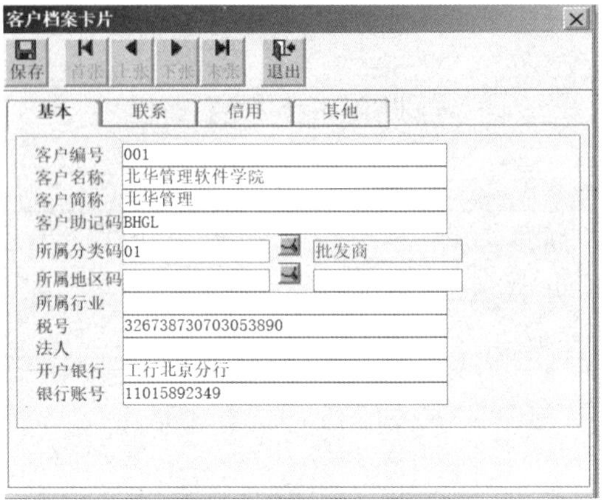

图2-5 设置客户档案

（3）单击"保存"按钮。

同理，增加其他客户档案信息。

子任务三 设置供应商分类

任务描述

设置供应商分类，供应商分类如表2-5所示。

表2-5 供应商分类

类别编码	类别名称
01	原料供应商
02	其他供应商

任务准备

在企业中如果供应商往来单位较多，为了便于对供应商进行分类统计和汇总，可以对供应商进行分类，供应商分类设置主要是设置供应商类别编码和类别名称。供应商类别编码必须按编码方案中的编码原则进行设置。已经使用的供应商分类不能删除，非末级供应商分类也不能删除。

任务实施

微课 2-5

设置供应商分类

（1）执行“基础设置”→“往来单位”→“供应商分类”命令，打开“供应商分类”窗口，单击“增加”按钮。

（2）输入类别编码“01”，类别名称“原料供应商”，如图 2-6 所示。

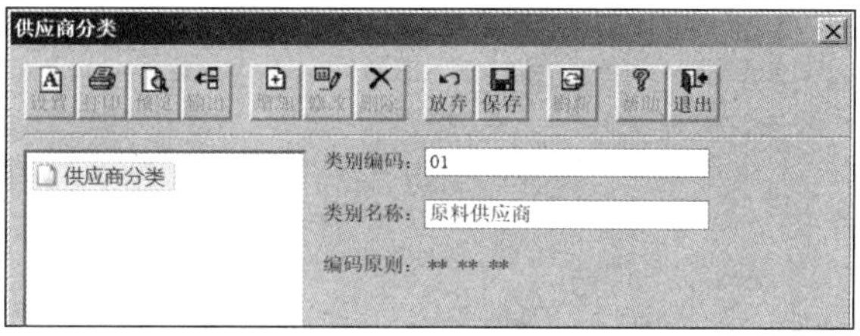

图 2-6　设置供应商分类

（3）单击“保存”按钮。

同理，增加其他供应商分类信息。

子任务四　设置供应商档案

任务描述

设置供应商档案，供应商档案如表 2-6 所示。

表 2-6　供应商档案

供应商编号	供应商名称	供应商简称	所属分类码	税号	开户银行	银行账号	分管部门	专营业务员
001	新华印刷厂	新华	01	110108534875344	工行北京分行	11215892764	采购部	曾楠
002	众诚软件	众诚	01	110843543722553	工行北京分行	11315462587	采购部	曾楠
003	北京圆通快递公司	北京圆通	02	110843543722850	工行北京分行	11315462348	采购部	曾楠

任务准备

企业如果需要进行往来管理，那么必须将供应商的详细信息录入供应商档案中。建立供应商档案直接关系到对供应商数据的统计、汇总和查询等分类处理。

任务实施

（1）执行"基础设置"→"往来单位"→"供应商档案"命令，打开"供应商档案"窗口。

（2）在"供应商档案"窗口中，选择"01原料供应商"，单击"增加"按钮，打开"供应商档案卡片"对话框。

（3）单击"基本"页签，输入供应商档案信息。输入供应商编号"001"，供应商名称"新华印刷厂"，供应商简称"新华"，所属分类码"01"，税号"110108534875344"，开户银行"工行北京分行"，银行账号"11215892764"，如图2-7所示。单击"其他"页签，选择分管部门"采购部"，输入专营业务员"曾楠"。

图 2-7　设置供应商档案

（4）单击"保存"按钮。

同理，增加其他供应商档案信息。

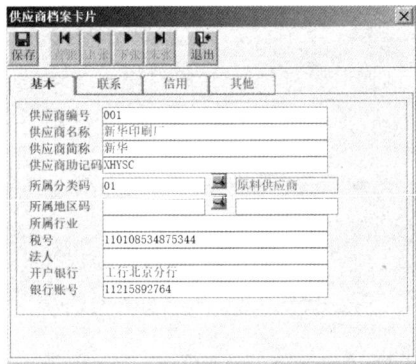

任务四　设置财务档案

子任务一　设置外币及汇率

任务描述

设置外币及汇率，币符"USD"，币名"美元"，固定汇率"1∶6.6"。

任务准备

如果企业业务结算涉及外币，那么在"填制凭证"中所用的外币及汇率应预先进行定义，以便制单时调用，减少录入汇率的次数和差错。对于使用固定汇率（即使用月初或年初汇率）作为记账汇率的企业，在每月填制凭证前，应预先录入该月的记账汇率，否则在填制该月外币凭证时，将会出现汇率为零的错误；月末时应输入调整汇率，以便进行本月汇兑损益处理。对于使用变动汇率（即使用当日汇率）作为记账汇率的企业，在每日填制凭证前，应预先录入当日的记账汇率。

微课 2-7

设置外币及汇率

任务实施

（1）执行"基础设置"→"财务"→"外币种类"命令，打开"外币设置"窗口。

（2）输入币符"USD"，币名"美元"，单击"增加"按钮。

（3）在"2022.01"对应的"记账汇率"栏中输入"6.60000"，如图 2-8 所示，按Enter 键确认后，单击"退出"按钮。

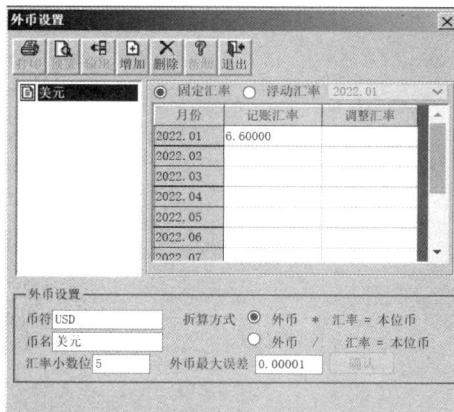

图 2-8 设置外币及汇率

注意

输入汇率时，小数点必须在英文状态下输入，否则将不能输入。

子任务二 设置会计科目

一、增加会计科目

任务描述

增加会计科目，会计科目如表 2-7 所示。

表 2-7 增加会计科目

科目编码	科目名称	辅助核算	方向
100201	农行存款	银行账、日记账	借
100202	中行存款	银行账、日记账、外币核算（美元）	借
140301	光盘	数量核算（单位：张）	借
140302	复印纸	数量核算（包）	借

续表

科目编码	科目名称	辅助核算	方向
140501	杀毒软件	数量核算（套）	借
140502	UU移动课堂	数量核算（套）	借
140503	常用软件工具使用导航	数量核算（册）	借
22210102	转出未交增值税		贷
22210107	进项税额转出		贷
400101	直接材料	项目核算	借
400102	直接人工	项目核算	借
400103	制造费用	项目核算	借
410101	折旧费		贷
530105	捐赠收入		贷
560305	贴现息		借
571106	对外捐赠		借

任务准备

在建立账套时一般会选择预置科目，这样系统中就自动加载了行业一级会计科目，因此企业需要增加的主要是明细科目。增加会计科目时需要输入以下内容。

（1）科目编码：科目编码必须采用全编码，按其级次的先后次序建立且必须唯一。

（2）科目名称：科目中文名称最多可输入10个汉字，科目英文名称最多可输入100个英文字母。科目中文名称和科目英文名称不能同时为空。输入名称时，只输入本级科目名称。

（3）科目类型：选择行业性质为"小企业会计准则（2013年）"时，科目类型为资产、负债、所有者权益、成本、损益五类。科目类型与科目编码的第一位数字对应。

（4）账页格式：定义该科目在打印账簿时的默认打印格式。系统提供了金额式、外币金额式、数量金额式、外币数量式四种账页格式供选择。一般情况下，有外币核算的科目可设为外币金额式，有数量核算的科目可设为数量金额式，既有外币又有数量核算的科目可设为外币数量式，既无外币又无数量核算的科目可设为金额式。

（5）外币核算：用于设定有外币核算的会计科目的外币名称。一个科目只能核算一种外币，有外币核算要求的科目才允许也必须选定外币币名，如果此科目核算的外币币种没有定义，可以单击外币币种下拉列表框旁边的"参照"按钮，进入"外币种类"中进行定义。

（6）数量核算：用于设定有数量核算的会计科目的数量计量单位。计量单位可以是任何汉字或字符，如千克、件、吨等。

（7）科目性质：即余额方向，一般情况下，资产类科目的科目性质为借方，负债类科目的科目性质为贷方。科目性质只能在一级科目设置，下级科目的科目性质与其上一级科目的性质相同。已有数据的科目不能再修改科目性质。

（8）辅助核算：定义本科目是否有其他核算要求。系统除完成一般的总账、明细账核算外，还提供了部门核算、个人往来、客户往来、供应商往来、项目核算五种专项核算功能。辅助核算必须设在末级科目上，但为了查询或出账方便，有些科目也可以在末级科目和上级科目同时设辅助核算。

（9）日记账、银行账：用于说明本科目是否有日记账、银行账的核算要求。有日记账核算要求的会计科目应设置日记账，以便做到日清月结；要进行银行对账的银行科目应设置银行账，以便进行银行对账。

微课 2-8

增加会计科目

（10）受控系统：可以选择某科目受控于某一模块，如应收账款科目可以选择受控于应收系统，表示该科目只能在应收系统使用，其他系统不能使用，则应收账款为应收系统的受控科目，应收系统为应收账款的受控系统。

任务实施

（1）执行"基础设置"→"财务"→"会计科目"命令，打开"会计科目"窗口，显示所有预置的一级会计科目。单击"增加"按钮，打开"新增科目"对话框。

（2）输入科目编码"100201"、科目中文名称"农行存款"；勾选"日记账""银行账"复选框，如图2-9所示。

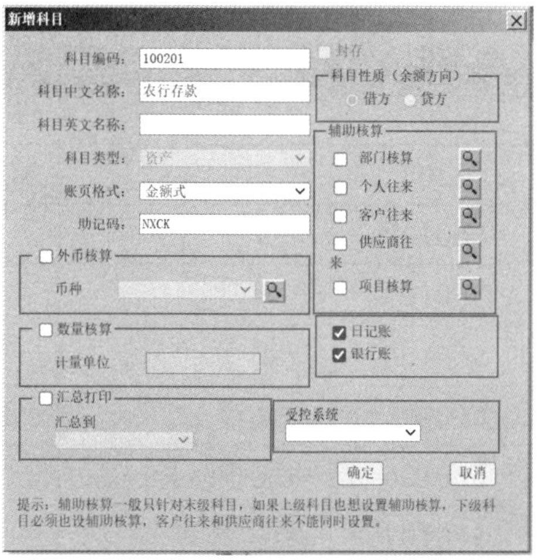

图 2-9 增加会计科目

（3）单击"确定"按钮。

继续输入表 2-7 中其他明细科目的相关内容。全部输入完成后，单击"退出"按钮。

> **注意**
>
> ◆ 增加的会计科目编码长度及每段位数要符合编码规则。
> ◆ 科目一经使用，就不能再增设下级科目，只能增加同级科目。
> ◆ 由于建立会计科目的内容较多，很多辅助核算内容对后面凭证的输入操作会产生影响，因此在建立会计科目时要谨慎，并反复检查。

二、修改会计科目

任务描述

修改会计科目，会计科目如表 2-8 所示。

表 2-8　修改会计科目

科目编码	科目名称	辅助核算	方向
1001	库存现金	日记账	借
1121	应收票据	客户往来/受控应收系统	借
1122	应收账款	客户往来/受控应收系统	借
1123	预付账款	供应商往来/受控应付系统	借
1221	其他应收款	个人往来	借
2201	应付票据	供应商往来/受控应付系统	贷
2202	应付账款	供应商往来/受控应付系统	贷
2203	预收账款	客户往来/受控应收系统	贷
560101	办公费		借
560103	差旅费		借
560104	折旧费		借
560105	运输费		借
560106	水电费		借
560107	职工薪酬		借
560201	办公费	部门核算	借

续表

科目编码	科目名称	辅助核算	方向
560202	差旅费	部门核算	借
560203	招待费	部门核算	借
560209	职工薪酬		借
560210	折旧费		借

任务准备

当增加的明细科目有错误时，可进行科目修改。对于已经存在的一级会计科目，也可通过修改功能补充科目的相应属性。

如果某一会计科目已经被使用，即该科目已经被制过单或已经录入了期初余额，则不能修改该科目的编码、类型、余额方向。

微课 2-9

修改会计科目

任务实施

（1）在"会计科目"窗口中，单击要修改的会计科目"1001 库存现金"。单击"修改"按钮，打开"修改科目"对话框。

（2）勾选"日记账"复选框，如图 2-10 所示，单击"确定"按钮。

按任务资料修改其他科目的辅助核算属性，修改完成后，单击"退出"按钮。

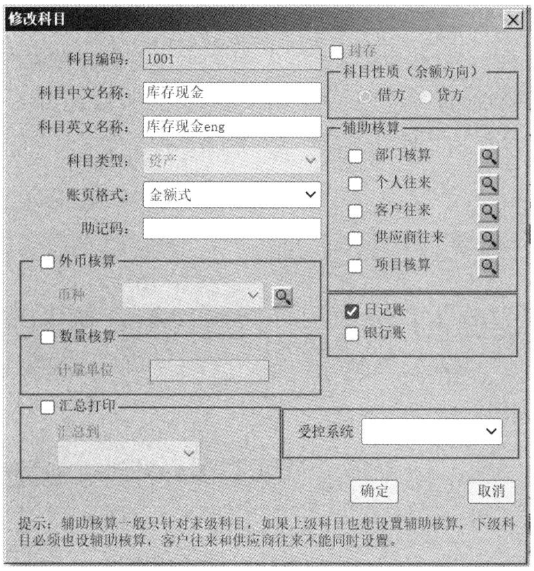

图 2-10　修改会计科目

注意

没有会计科目设置权限的用户只能在"修改科目"窗口浏览科目的具体定义，而不能进行修改。修改科目应遵循"自下而上"的原则，即先删除下一级科目，然后修改本级科目。已经输入余额的科目，不能直接修改，只有先删除本级及其下级科目的期初余额后，才能修改该科目。

三、指定会计科目

任务描述

指定会计科目：将"1001 库存现金"科目指定为现金总账科目；将"1002 银行存款"科目指定为银行总账科目。

任务准备

指定会计科目是确定出纳的专管科目。指定科目后，才能执行出纳签字，从而实现库存现金、银行存款管理的保密性，才能查看库存现金、银行存款日记账。

一般情况下，现金科目要设置日记账，银行存款科目要设置银行账和日记账。

指定会计科目还可以用来指定与现金流量有关的科目。现金流量表的编制有两种方法：一种是利用总账中的现金流量辅助核算，另一种是利用专门的现金流量表软件编制现金流量表。

微课 2-10

指定会计科目

任务实施

（1）在"会计科目"窗口中，执行"编辑"→"指定科目"命令，打开"指定科目"对话框，选中"现金总账科目"单选按钮。

（2）选中"1001 库存现金"科目，单击">"按钮，将"1001 库存现金"科目由"待选科目"选入"已选科目"。

（3）选中"银行总账科目"单选按钮，选中"1002 银行存款"科目，单击">"按钮，将"1002 银行存款"科目由"待选科目"选入"已选科目"，如图 2-11 所示，单击"确认"按钮。

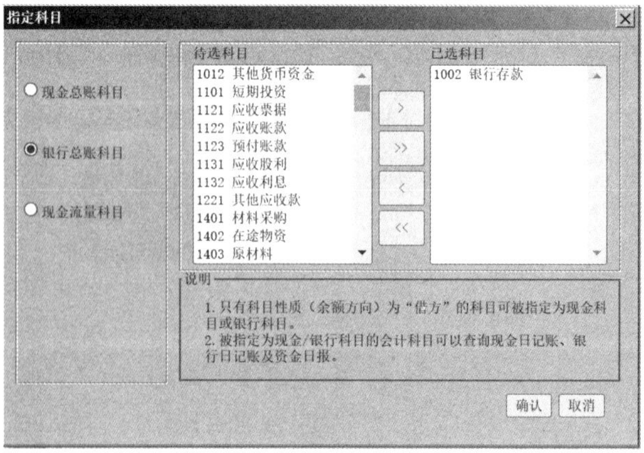

图 2-11　指定会计科目

> **注意**
>
> 在指定"现金总账科目""银行总账科目"之前，应在建立"库存现金""银行存款"会计科目时勾选"日记账"复选框。

子任务三　设置凭证类别

任务描述

设置凭证类别，凭证类别如表 2-9 所示。

表 2-9　凭证类别

凭证分类	限制类型	限制科目
收款凭证	借方必有	1001，1002
付款凭证	贷方必有	1001，1002
转账凭证	凭证必无	1001，1002

任务准备

第一次使用总账模块，首先应正确选择凭证类别的分类方式。用户可以按照本单位的需要对凭证进行分类。以下是几种常用分类方式。

（1）记账凭证。

（2）收款凭证、付款凭证、转账凭证。

（3）现金凭证、银行凭证、转账凭证。

（4）现金收款凭证、现金付款凭证、银行收款凭证、银行付款凭证、转账凭证。

（5）自定义。

选择某一分类方式后，可以设置该种凭证的限制条件，以便提高凭证信息的准确性。凭证类别的限制条件是指限制凭证类别的使用范围。

- 借方必有：制单时，此类凭证借方至少有一个限制科目有发生额。
- 贷方必有：制单时，此类凭证贷方至少有一个限制科目有发生额。
- 凭证必有：制单时，此类凭证无论借方还是贷方至少有一个限制科目有发生额。
- 凭证必无：制单时，此类凭证无论借方还是贷方不可有一个限制科目有发生额。

● 无限制：制单时，此类凭证可使用所有合法的科目，可以是任意级次的科目，科目之间用逗号分隔，数量不限，也可参照输入，但不能重复输入。

在录入凭证之前，应进行凭证类别的设置；已使用的凭证类别不能删除，也不能修改类别字；若限制科目为非末级科目，则在制单时，其所有下级科目都将受到同样的限制。

微课 2-11

设置凭证类别

任务实施

（1）执行"基础设置"→"财务"→"凭证类别"命令，打开"凭证类别预置"对话框。选中"收款凭证 付款凭证 转账凭证"单选按钮，如图 2-12 所示。

（2）单击"确定"按钮，打开"凭证类别"窗口。然后单击收款凭证"限制类型"栏的下拉按钮，选择"借方必有"；在"限制科目"栏输入"1001，1002"。

（3）同理，设置付款凭证的限制类型"贷方必有"、限制科目"1001，1002"；转账凭证的限制类型"凭证必无"、限制科目"1001，1002"。结果如图 2-13 所示。设置完成后，单击"保存"按钮，然后单击"退出"按钮。

图 2-12 设置凭证类别——选择凭证类别

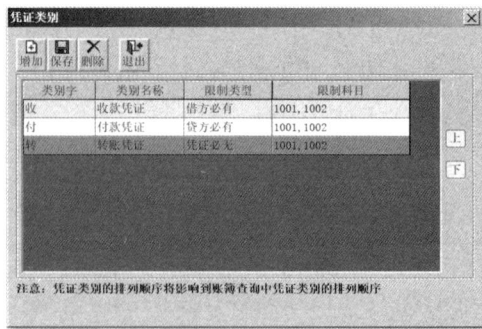

图 2-13 设置凭证类别——设置限制类型及科目

注意

◆ 限制科目的数量不限，科目之间用英文状态下的逗号分隔。

◆ 设定以上限制后，某些类别的凭证在制单时对科目有一定限制，在保存录入凭证时系统会自动进行检查。

子任务四 设置项目目录

任务描述

设置产品项目目录，如表 2-10 所示。

表 2-10 产品项目目录

设置步骤	设置内容
项目大类	产品类
核算科目	直接材料（400101） 直接人工（400102） 制造费用（400103）
项目分类	1 教学课件开发 2 工具软件开发
项目名称	101 会计基础多媒体课件（所属分类：1） 102 大数据多媒体课件（所属分类：1）

任务准备

项目核算是账务系统辅助核算管理的一项重要功能，要实现项目核算及管理就必须在设置会计科目时，根据需要将进行项目核算的科目（如在建工程、主营业务收入、生产成本等）设置为项目辅助核算类会计科目，而后在项目档案设置中具体设置项目大类、指定核算科目、定义项目分类、定义项目目录等。

微课 2-12

设置项目目录

任务实施

1. 设置项目大类

（1）执行"基础设置"→"财务"→"项目目录"命令，打开"项目档案"窗口。

（2）默认选择"核算科目"，然后单击"增加"按钮，打开"项目大类定义-增加"对话框。输入新项目大类名称"产品类"，如图 2-14 所示。

（3）单击"下一步"按钮，其他设置均采用系统默认值。最后单击"完成"按钮，返回"项目档案"窗口。

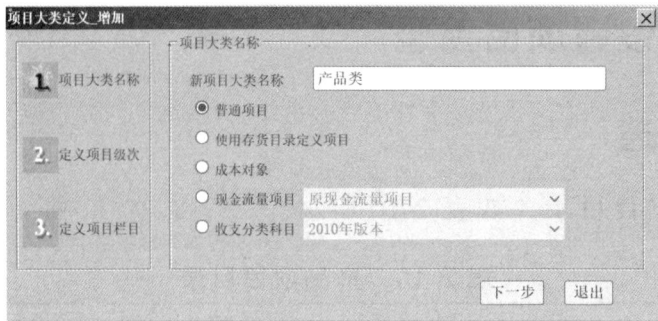

图 2-14　设置项目目录——项目大类

2. 指定核算科目

（1）在"项目档案"窗口中，选中"核算科目"单选按钮；在"项目大类"文本框中输入"产品类"。

（2）分别选择要参加核算的科目"400102 直接人工""400101 直接材料""400103 制造费用"。

（3）单击"↓"按钮，将"待选科目"选入"已选科目"，如图 2-15 所示。单击"确定"按钮，系统提示保存成功。

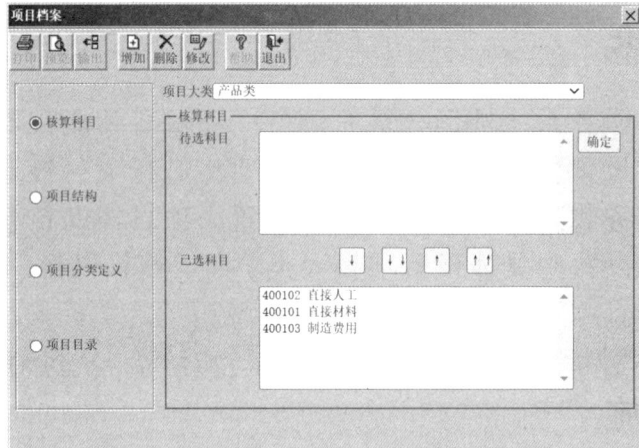

图 2-15　设置项目目录——核算科目

3. 定义项目分类

（1）在"项目档案"窗口中，选中"项目分类定义"单选按钮。单击右下角的"增加"按钮，输入分类编码"1"、分类名称"教学课件开发"，如图 2-16 所示。

（2）单击"确定"按钮。

同理，定义"2 工具软件开发"项目分类。

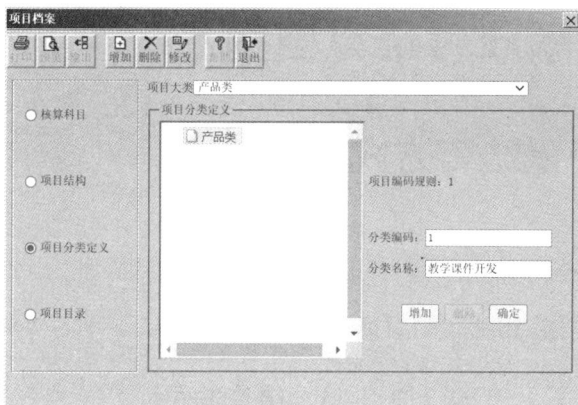

图 2-16　设置项目目录——项目分类

4. 定义项目目录

（1）在"项目档案"窗口中，选中"项目目录"单选按钮。单击右下角"维护"按钮，打开"项目目录维护"窗口。

（2）输入项目编号"101"、项目名称"会计基础多媒体课件"，选择所属分类码"1"。

（3）单击"增加"按钮，继续增加"102 大数据多媒体课件"项目档案，如图 2-17 所示。

图 2-17　设置项目目录——项目目录

注意

◆ 项目大类的名称是该类项目的总称，而不是会计科目名称。如在建工程按具体工程项目核算，其项目大类名称应为"工程项目"，而不是"在建工程"。

◆ 一个项目大类可指定多个科目，一个科目只能指定一个项目大类。

◆ 为了便于统计，可对同一项目大类下的项目作进一步划分，即定义项目分类。若无分类，也必须定义项目分类为"无分类"。

任务五 设置收付结算档案

子任务一 设置结算方式

任务描述

设置结算方式，如表 2-11 所示。

表 2-11 结算方式

结算方式类别编码	结算方式名称	票据管理方式
1	现金结算	否
2	支票结算	否
201	现金支票	否
202	转账支票	否
3	银行汇票	否
4	商业汇票	否
401	商业承兑汇票	否
402	银行承兑汇票	否
5	其他	否

任务准备

结算方式设置的主要内容包括结算方式编码、结算方式名称、票据管理方式等。

票据管理方式是为出纳对银行结算票据的管理而设的功能，类似于手工系统中的支票登记簿的管理方式。用户可根据实际情况，选择该结算方式下的票据是否要进行票据管理。

微课 2-13

设置结算方式

任务实施

（1）执行"基础设置"→"收付结算"→"结算方式"命令，打开"结算方式"窗口，单击"增加"按钮。

（2）输入类别编码"1"、类别名称"现金结算"，如图 2-18 所示。单击"保存"按钮。同理，增加其他结算方式信息。

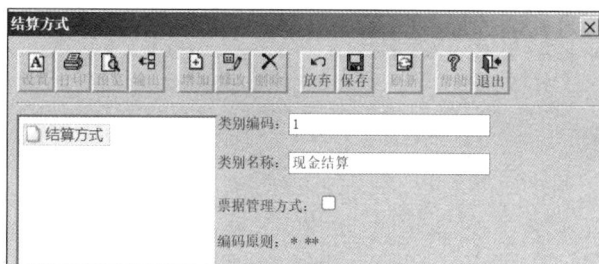

图 2-18 设置结算方式

✎注意

◆ 结算方式的编码必须符合编码原则。

◆ 结算方式的录入必须唯一。

◆ 可以根据实际情况选择是否勾选"票据管理方式"复选框。

子任务二 设置开户银行

📝 任务描述

设置开户银行，编码为"01"，名称为"中国工商银行北京分行中关村分理处"，账号为"831658796225"。

📚 任务准备

设置开户银行主要设置企业在收付结算中对应的开户银行信息。开户银行信息主要包括编码、开户银行名称、银行账号等。

📖 任务实施

（1）执行"基础设置"→"收付结算"→"开户银行"命令，打开"开户银行"窗口。

（2）输入编码"01"，开户银行"中国工商银行北京分行中关村分理处"，账号"831658796225"，如图 2-19 所示。单击"退出"按钮，系统提示"是否保存修改的内容"，单击"确定"按钮。

微课 2-14

设置开户银行

图 2-19 设置开户银行

子任务三 设置付款条件

任务描述

设置付款条件为"2/10，1/20，n/30"，编码为"01"。

任务准备

付款条件也叫现金折扣，用来设置企业在经营过程中与往来单位协议规定的收、付款折扣优惠方法。这种折扣条件通常可表示为"5/10，2/20，n/30"，意思是客户在 10 天内偿还货款，可得到 5%的折扣；在 20 天内偿还货款，可得到 2%的折扣；在 30 天内偿还货款，则需按照全额支付货款；在 30 天以后偿还货款，则不仅要按全额支付货款，还可能要支付延期付款的利息或违约金。

微课 2-15

设置付款条件

任务实施

（1）执行"基础设置"→"收付结算"→"付款条件"命令，打开"付款条件"窗口。

（2）单击"增加"按钮，按要求输入付款条件编码"01"，信用天数"30"，优惠天数 1"10"，优惠率 1"2"，优惠天数 2"20"，优惠率 2"1"，优惠天数 3"30"，优惠率 3"0"，单击"保存"按钮，如图 2-20 所示。

课后实训

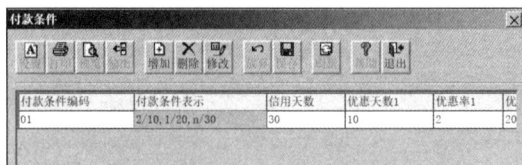

付款条件编码	付款条件表示	信用天数	优惠天数1	优惠率1	优
01	2/10,1/20,n/30	30	10	2	20

图 2-20 设置付款条件

【实训目的】

1. 理解基础档案在会计信息化应用中的作用。

2. 熟悉部门档案、职员档案、客户和供应商分类、客户和供应商档案、外币及汇率、结算方式、开户银行和付款条件等档案的设置。

3. 掌握会计科目、凭证类别、项目目录的设置。

【实训要求】

以账套主管田丰收（编号：101；密码：1）的身份进行基础设置操作。

实训二

基础设置

【实训内容】扫描二维码，获取详细内容。

项目三

总账管理

- 会期间损益结转和结账

素养目标

- 能够独立思考、自主学习
- 培养从现在做起、从自身做起的奉献精神

情景导入

2022年1月1日，北京华腾电子科技有限公司在财务主管的带领下要进行以下工作。

（1）初始设置，即进行总账参数设置、输入期初数据。

（2）日常业务处理，包括填制凭证、出纳签字、审核凭证、凭证记账和账簿查询。

（3）期末处理，即在会计期末完成一些特定的会计工作，包括期末转账业务、试算平衡、对账以及结账等。

相关数据如下。

（1）部分财务会计制度规定：收付款凭证必须出纳签字；所有凭证必须审核签字。

（2）2022年1月1日资产负债表期初余额见表3-1。

表3-1　2022年1月1日资产负债表期初余额

金额单位：元

资产	期初余额	权益	期初余额
库存现金	6 487.7	短期借款	50 000
银行存款	211 057.16	应付账款	276 850
其他货币资金	53 302		
应收账款	157 600	实收资本	300 000
其他应收款	3 800	分配利润	33 975.6
原材料	11 300		
库存商品	27 078		
生产成本	16 000.74		
固定资产	255 000		
累计折旧	（贷）80 800		
合计	660 825.6	合计	660 825.6

2022年1月发生的经济业务如下。

（1）3日，财务部王蒙蒙从工行提取现金10 000元，作为备用金。（转账支票号XJ001）

（2）5日，收到科华集团投资资金10 000美元，汇率1∶6.6。（转账支票号ZZW001）

（3）8日，采购部曾楠采购复印纸200包，每包15元，材料直接入库，货款以银行存款支付。（转账支票号ZZR001，适用税率13%）

（4）12日，销售一部侯勇卖给北华管理软件学院杀毒软件100套，单价120元，货款未收。（发票号89026541，适用税率13%）

（5）16日，企管办购办公用品170元，付现金。（付款凭证，摘要"购买办公用品"）

（6）18日，企管办楚雄出差归来，报销差旅费6 000元。其中火车票共计1 090元，计算可抵扣增值税为90元［1 090/（1+9%）×9%=90（元）］。

（7）20日，生产部领用光盘500张，单价2元，用于制作会计基础多媒体课件。

任务学习

总账模块是会计信息化软件的核心系统，适合各行各业进行账务核算及管理工作。总账模块既可独立运行，也可同其他系统协同运转。

任务一 总账初始设置

子任务一 设置总账参数

任务描述

设置总账参数"出纳凭证必须经由出纳签字"。

任务准备

定义总账模块的输入控制、处理方式、数据流程、输出格式等。总账模块按控制内容将总账选项归并为凭证、账簿、会计日历和其他四类内容。

1. 凭证

凭证主要有制单控制、凭证控制、凭证编号方式和外币核算等内容。

2. 账簿

账簿主要有打印位数宽度、明细账查询权限控制到科目、凭证、账簿套打等设置。

3. 会计日历

在"会计日历"选项卡中，可以查看各会计期间的起始日期与结束日期，以及启用会计年度和日期。此处仅能查看会计日历的信息，如需修改应到系统管理中进行。

4. 其他

其他主要有数量、单价小数位设置、部门/个人/项目排序方式等设置。

任务实施

以账套主管丁力的身份登录信息门户。输入或选择如下信息：操作员"101"，密码"1"，账套"［001］华腾科技"，会计年度"2022"，操作日期"2022-01-01"。

（1）执行"总账"→"设置"→"选项"命令，打开"总账选项"对话框，单击"凭证"页签。

（2）选中"出纳凭证必须经由出纳签字"复选框，如图 3-1 所示，单击"确定"按钮。

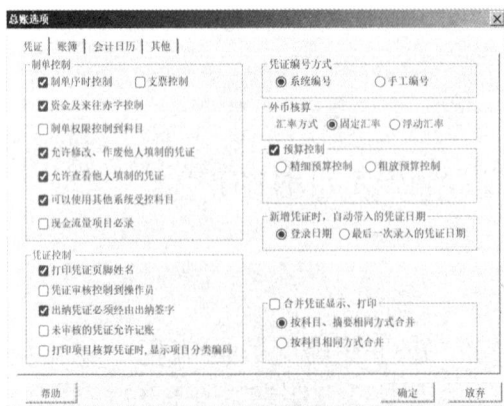

图 3-1 设置总账参数

微课 3-1

设置总账参数

子任务二　输入期初数据

任务描述

1. 输入无辅助核算科目期初余额（见表 3-2）

表 3-2　无辅助核算科目期初余额

金额单位：元

资产	期初余额	权益	期初余额
库存现金	6 487.7	短期借款	50 000
农行存款	211 057.16	实收资本	300 000
其他货币资金	53 302		
原材料——光盘	4 400（数量 2 200 张）	未分配利润	33 975.6
原材料——复印纸	6 900（460 包）		
库存商品——杀毒软件	10 650（71 套）		
库存商品——UU 移动课堂	7 840（98 套）		
库存商品——常用软件工具使用导航	8 588（226 册）		
固定资产	25 5000		
累计折旧	（贷）80 800		

2. 输入有辅助核算科目期初余额（见表 3-3、表 3-4、表 3-5、表 3-6）

表 3-3　有辅助核算科目期初余额（1）

科目：应收账款　　　　　借方余额：157 600 元　　　　　单位：元

日期	凭证号	客户	摘要	方向	金额
2021-10-25	转-118	北华管理	期初	借	99 600
2021-11-10	转-25	北京图书大厦	期初	借	58 000

表 3-4　有辅助核算科目期初余额（2）

科目：其他应收款　　　　　借方余额：3 800 元　　　　　单位：元

日期	凭证号	个人	摘要	方向	期初余额
2021-12-16	付-118	楚雄	出差借款	借	2 000
2021-12-29	付-156	侯勇	出差借款	借	1 800

表 3-5　有辅助核算科目期初余额（3）

科目：应付账款　　　　　　贷方余额：276 850 元　　　　　　单位：元

日期	凭证号	供应商	摘要	方向	金额
2021-10-20	转-45	众诚	购买原材料	贷	276 850

表 3-6　有辅助核算科目期初余额（4）

科目：生产成本　　　　　　借方余额：16 000.74 元　　　　　　单位：元

科目名称	会计基础多媒体课件	大数据多媒体课件	合计
直接材料	4 000	6 000	10 000
直接人工	1 500	2 500.74	4 000.74
制造费用	800	1 200	2 000
合计	6 300	9 700.74	16 000.74

3. 试算平衡

资产合计=权益合计=660 825.6 元。

任务准备

"期初余额"功能包括：年初输入科目期初余额或调整余额；核对期初余额，并进行试算平衡。

1. 期初数据的内容

总账模块需要输入的期初数据包括期初余额和累计发生额。企业建账时间不同，所输入的期初数据也有所不同。

（1）年初建账（1月建账）。

如果选择年初建账，只需要准备各账户上年年末的余额作为新一年的期初余额即可，且年初余额和月初余额是相同的。

（2）年中建账（2—12月建账）。

如果选择年中建账，不仅要准备各账户启用会计期间上一期的期末余额作为启用期的期初余额，还要整理自本年度开始截至启用期的各账户累计发生额数据。

2. 录入期初数据

（1）无辅助核算科目期初余额录入。

余额和累计发生额的录入要从末级科目开始，上级科目的余额和累计发生额由系统自动计算。如果某科目为数量、外币核算，应录入期初数量、外币余额，而且必须先录入本币余额，再录入数量、外币余额。若期初余额有外币、数量余额，则必须有本币余额。红字余额用负数录入。

（2）有辅助核算科目期初余额录入。

在录入期初余额时，对于设置为辅助核算的科目，系统会自动为其开设辅助账页。相应地，在录入期初余额时，这类科目总账的期初余额是由辅助账的期初明细汇总而来的，即不能直接录入总账期初数。

3. 进行试算平衡

期初数据录入完毕后应进行试算平衡。如果期初余额试算不平衡，可以填制、审核凭证，但不能进行记账处理。凭证一经记账，期初数据便不能再修改。

微课 3-2

输入无辅助核算科目期初余额

任务实施

1. 输入无辅助核算科目期初余额

（1）执行“总账”→“设置”→“期初余额”命令，打开“期初余额录入”窗口。

（2）输入“1001 库存现金”科目的期初余额“6487.7”，按 Enter 键确认，如图 3-2 所示。同理，输入资料中其他无辅助核算科目的期初余额。

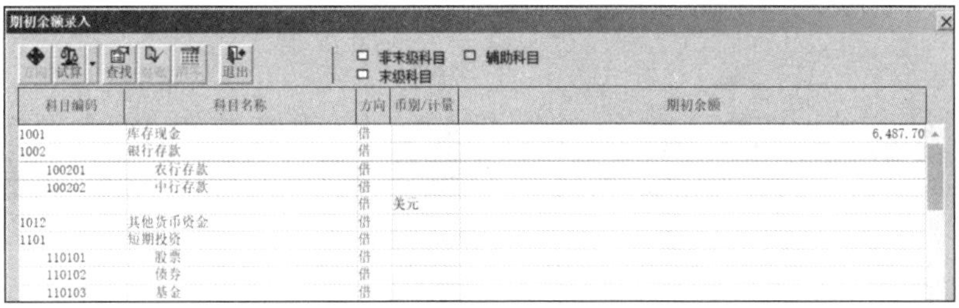

图 3-2　输入无辅助核算科目期初余额

2. 输入有辅助核算科目期初余额

微课 3-3

输入有辅助核算科目期初余额

（1）执行“总账”→“设置”→“期初余额”命令，打开“期初余额录入”窗口。

（2）双击“应收账款”的期初余额栏，打开“期初辅助核算”窗口。

（3）单击“增加”按钮。输入资料中的“应收账款”的辅助核算信息，如图 3-3 所示。

（4）单击"退出"按钮，辅助核算期初余额自动汇总到总账科目中。同理，输入资料中其他有辅助核算科目的期初余额。

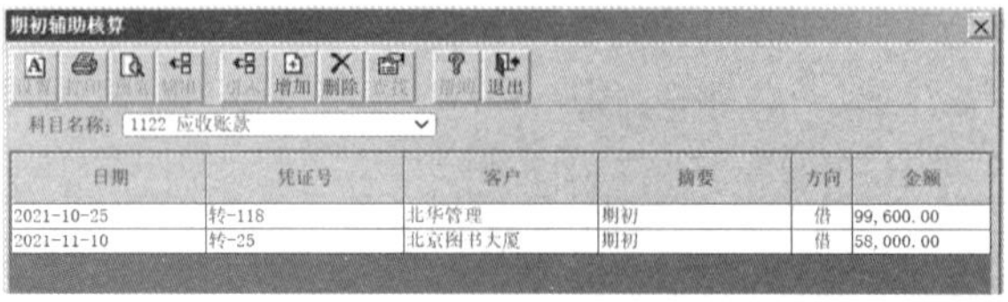

图 3-3　输入有辅助核算科目期初余额

3．试算平衡

（1）输完所有科目余额后，在"期初余额录入"窗口，单击"试算"按钮，打开"期初试算平衡表"对话框。

（2）试算结果平衡如图 3-4 所示，单击"确认"按钮。若期初余额不平衡，则修改期初余额直到平衡为止。

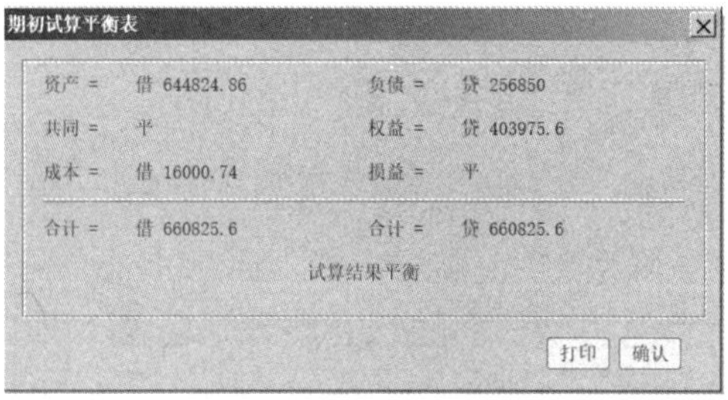

图 3-4　试算平衡

📝注意

　　期初余额试算不平衡，不能记账，但可以填制凭证。若已经记过账，则不能再录入或修改期初余额，不能执行"结转上年余额"的功能。

任务二　总账日常业务处理

子任务一　填制凭证

✍ 任务描述

2022 年 1 月代表性经济业务如下。

1. 业务 1：银行科目

3 日，财务部王蒙蒙从工行提取现金 10 000 元，作为备用金。（现金支票号 XJ001，付款凭证，摘要"提现"）

借：库存现金（1001）   10 000
    贷：银行存款——工行存款（100202）   10 000

2. 业务 2：外币核算

5 日，收到科华集团投资资金 10 000 美元，汇率 1∶6.6。（转账支票号 ZZW001，收款凭证，摘要"收到投资"）

借：银行存款——中行存款（100202）   66 000
    贷：实收资本（3001）   66 000

3. 业务 3：数量核算

8 日，采购部曾楠采购复印纸 200 包，每包 15 元，材料直接入库，货款以银行存款支付。（转账支票号 ZZR001，适用税率 13%，付款凭证，摘要"购复印纸"）

借：原材料——复印纸（140302）   3 000
    应交税费——应交增值税（进项税额）（22210101）   390
    贷：银行存款——农行存款（100201）   3 390

4. 业务 4：客户往来核算

12 日，销售一部侯勇卖给北华管理软件学院杀毒软件 100 套，单价 120 元，货款未收。（发票号 89026541，适用税率 13%，转账凭证，摘要"销售软件"）

借：应收账款（1122）   13 560
    贷：主营业务收入（5001）   12 000
        应交税费——应交增值税（销项税额）（22210106） 1 560

5. 业务 5：部门核算

16 日，企管办购办公用品 170 元，付现金。（付款凭证，摘要"购买办公用品"）

借：管理费用——办公费（560201）   170
    贷：库存现金（1001）   170

6. 业务 6：个人往来核算

18 日，企管办楚雄出差归来，报销差旅费 6 000 元。其中火车票共计 1 090 元，计算可抵扣增值税为 90 元［1 090/（1+9%）×9%=90（元）］。（转账凭证，摘要"报销差旅费"）

借：管理费用——差旅费（560202）　　　　　　　　　5 910

　　应交税费——应交增值税（进项税额）（22210101）　　90

　　　贷：其他应收款（1221）　　　　　　　　　　　　　　6 000

7. 业务 7：项目核算

20 日，生产部领用光盘 500 张，单价 2 元，用于制作会计基础多媒体课件。（转账凭证，摘要"领用光盘"）

借：生产成本——直接材料（400101）　　　　　　　　1 000

　　贷：原材料——光盘（140301）　　　　　　　　　　　1 000

任务准备

记账凭证是登记账簿的依据，是总账模块的主要数据来源。记账凭证一般包括两部分：一是凭证头部分，包括凭证类别、凭证编号、制单日期和附单据数等；二是凭证体部分，包括摘要、科目、辅助核算信息和金额等。

1. 凭证头

（1）凭证类别：可以输入凭证类别字，也可以参照输入。

（2）凭证编号：一般情况下，由系统按凭证类别按月自动编号，即每类凭证每月都从 0001 号开始。如果在总账参数中设置凭证编号方式为"手工编号"，则用户可手工录入凭证编号。

（3）制单日期：即填制凭证的日期。

（4）附单据数：当前凭证所附原始单据张数。

2. 凭证体

（1）摘要：本笔分录的业务说明，要求简洁明了且不能为空。凭证中的每个分录行都必须有摘要，各行摘要可以不同。

（2）科目：输入或参照输入末级科目编码，系统自动将其转换为中文名称。也可以直接输入中文科目名称、英文科目名称或助记码。

（3）辅助核算信息：对于设置了辅助核算的科目，系统提示输入相应的辅助核算信息。

（4）金额：本笔分录的借方或贷方本币发生额，金额不能为零，但可以是红字，红字金额以负数形式输入。凭证上的借方金额合计要与贷方金额合计相等，否则不能保存。

微课 3-4

填制凭证

任务实施

若系统时间不到"2022-01-31"，请调整系统时间为"2022-01-31"。以会计秦艳身份登录信息门户。输入或选择如下信息：操作员"103"，密码"3"，账套"［001］华腾科技"，会计年度"2022"，操作日期"2022-01-31"。

1. 业务 1：银行科目

（1）执行"总账"→"凭证"→"填制凭证"命令，打开"填制凭证"窗口。

（2）单击"增加"按钮，增加一张空白凭证。选择凭证类型"付"，输入制单日期"2022-01-03"。

（3）输入摘要"提现"，输入科目名称"1001"，借方金额"10 000"，按 Enter 键，摘要自动带到下一行。

（4）输入科目名称"100201"，按 Enter 键，打开"辅助项"对话框。按资料输入银行结算信息，如图 3-5 所示，单击"确认"按钮，返回"填制凭证"窗口，输入贷方金额"10000"。

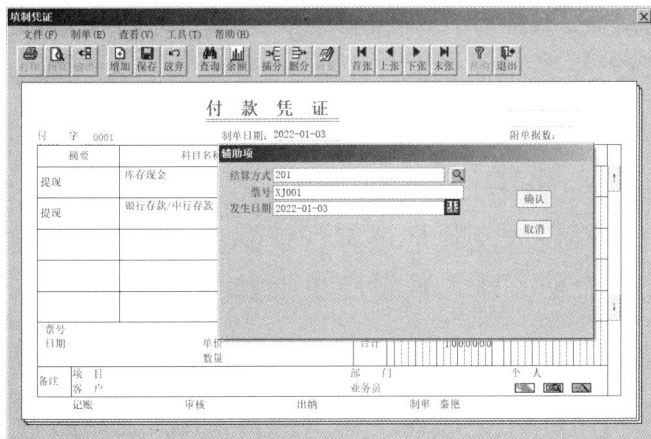

图 3-5　增加凭证——银行科目

（5）单击"保存"按钮。系统提示"保存成功!"，单击"确定"按钮。

✏️注意

◆ 凭证一旦保存，其凭证类别、凭证编号不能修改。

◆ 科目编码必须是末级的科目编码，既可以手工直接输入，也可利用"参照"按钮选择输入，

◆ 金额不能为"零"；红字以"-"号表示。

2. 业务2：外币核算

此业务银行存款科目涉及外币核算，填制凭证时输入外币金额，系统根据月初记账汇率自动计算人民币金额。凭证如图3-6所示。

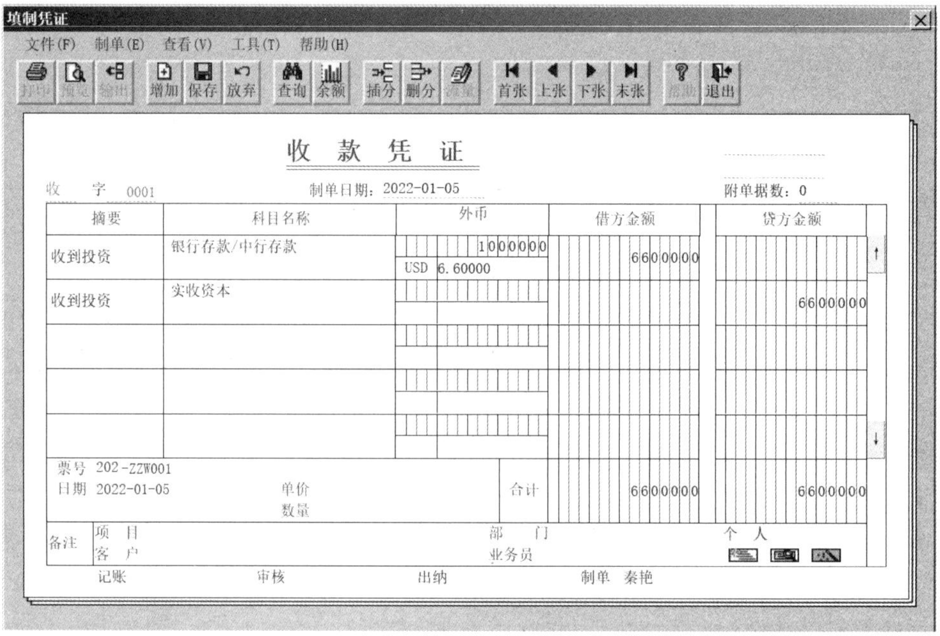

图3-6 增加凭证——外币核算

3. 业务3：数量核算

此业务原材料科目涉及数量核算，填制凭证时需输入数量和单价，系统自动计算人民币金额。输入数量和单价如图3-7所示。

4. 业务4：客户往来核算

此业务应收账款科目涉及客户往来核算，填制凭证时需输入客户名称、发票号等相关信息。凭证如图3-8所示。

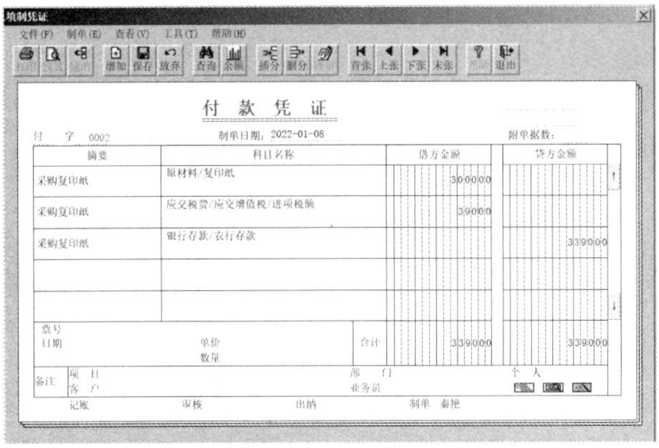

图 3-7 增加凭证——数量核算

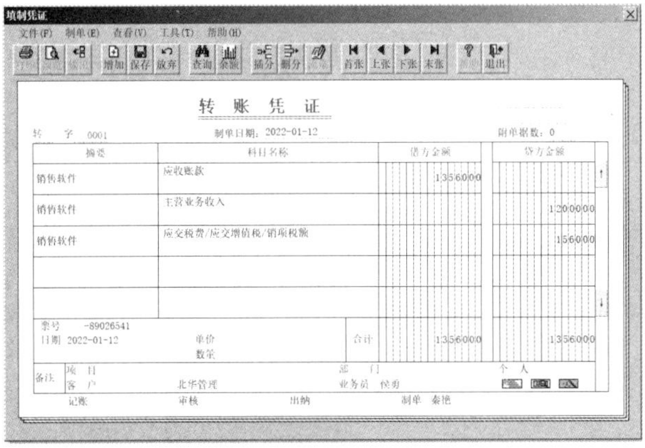

图 3-8 增加凭证——客户往来核算

5．业务5：部门核算

此业务管理费用涉及部门核算，填制凭证时需输入部门信息，如图 3-9 所示。

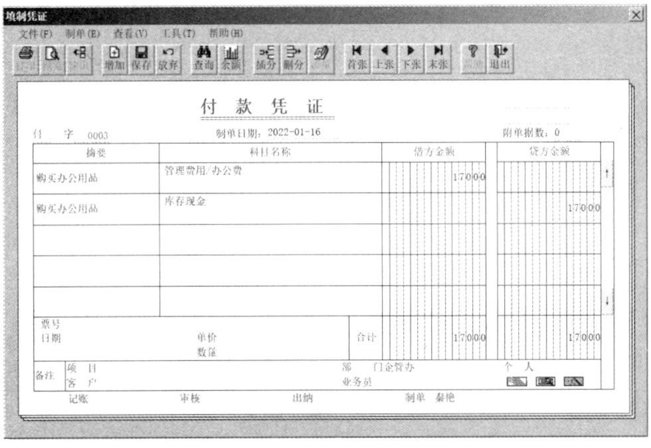

图 3-9 增加凭证——部门核算

6. 业务6：个人往来核算

此业务其他应收款科目涉及个人往来辅助核算，填制凭证时需输入部门名称、个人名称等相关信息，如图3-10所示。

图3-10 增加凭证——个人往来核算

7. 业务7：项目核算

此业务生产成本科目涉及项目辅助核算，填制凭证时需输入项目名称信息。凭证如图3-11所示。

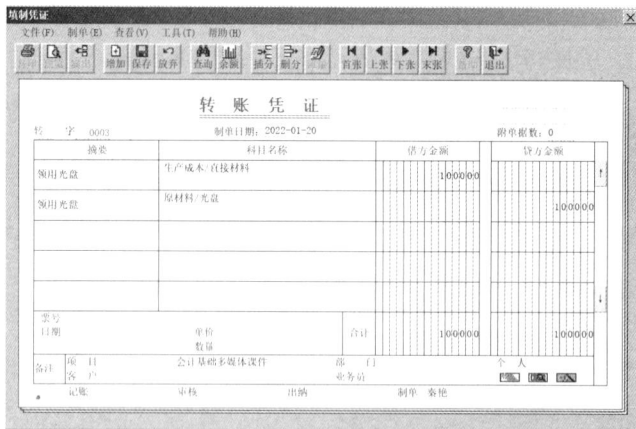

图3-11 增加凭证——项目核算

知识拓展

1. 修改凭证

修改凭证时需要在填制凭证状态下找到需要修改的凭证，直接修改即可。可修改的内容包括摘要、科目、辅助项、金额及方向、增删分录等，凭证类别不能修改。

未经审核的错误凭证可直接修改；已审核的凭证应先取消审核，再修改。

2. 删除凭证

如果出现凭证重复录入或凭证上出现不便修改的错误，可以将凭证从系统中删除。删除凭证的步骤如下。

（1）在"填制凭证"窗口，执行"制单"→"作废/恢复"命令，在要删除的错误凭证上打上作废标记。

（2）在"填制凭证"窗口，执行"制单"→"作废/恢复"命令，选择已作废凭证，将其从凭证库中彻底删除。

3. 查询凭证

总账模块提供了强大的信息查询功能。

（1）丰富灵活的查询条件。

总账模块既可设置凭证类别、制单日期等一般查询条件，也可设置摘要、科目等辅助查询条件，也可组合设置各查询条件。

（2）联查明细账、辅助明细及原始单据。

当光标位于凭证某分录科目时，执行"联查明细账"命令，系统将显示该科目的明细账。如果该科目有辅助核算，执行"查看辅助明细"命令，则系统将显示该科目的辅助明细账。若当前凭证是由外币系统制单生成的，执行"联查原始单据"命令，则系统将显示生成这张凭证的原始单据。

子任务二 出纳签字

任务描述

对所有收付款凭证进行出纳签字。

任务准备

若总账模块需要出纳签字，要先进行如下两步操作。

（1）在总账模块的选项中设置"出纳凭证必须经由出纳签字"。

（2）在总账模块初始化的科目设置中已经将"1001 库存现金"科目指

定为现金总账科目，将"1002 银行存款"科目指定为银行总账科目。出纳签字前，通常需更换操作员。

微课 3-5

出纳签字

任务实施

以出纳王蒙蒙身份登录信息门户。执行"文件"→"重新注册"命令，输入或选择如下信息：操作员"102"，密码"2"，账套"[001]华腾科技"，会计年度"2022"，操作日期"2022-01-31"。

（1）执行"总账"→"凭证"→"出纳签字"命令，打开"出纳签字查询"对话框。

（2）设置查询条件，单击"确认"按钮，打开"出纳签字"的凭证列表。单击"确定"按钮，打开"出纳签字"的签字窗口。

（3）单击"签字"按钮，系统提示出纳签字成功，凭证底部的"出纳"处自动签上出纳姓名，如图 3-12 所示。

（4）单击"下张"按钮，或执行"出纳"→"成批出纳签字"命令，将剩余出纳凭证进行出纳签字。最后单击"退出"按钮。

图 3-12 出纳签字

子任务三 审核凭证

任务描述

对所有凭证进行审核签字。

任务准备

审核是指由具有审核权限的操作员按照会计制度规定，对制单人填制的记账凭证进行合法性检查。

任务实施

以账套主管丁力的身份登录信息门户。执行"文件"→"重新注册"命令，输入或选择如下信息：操作员"101"，密码"1"，账套"〔001〕华腾科技"，会计年度"2022"，操作日期"2022-01-31"。

（1）执行"总账"→"凭证"→"审核凭证"命令，打开"凭证审核查询"对话框。

（2）设置查询条件，单击"确认"按钮，打开"凭证审核"的凭证列表。

（3）单击"确定"按钮，打开"凭证审核"窗口。

（4）检查要审核的凭证，无误后，单击"审核"按钮，系统提示审核成功，凭证底部的"审核"处自动签上审核人姓名，如图3-13所示。

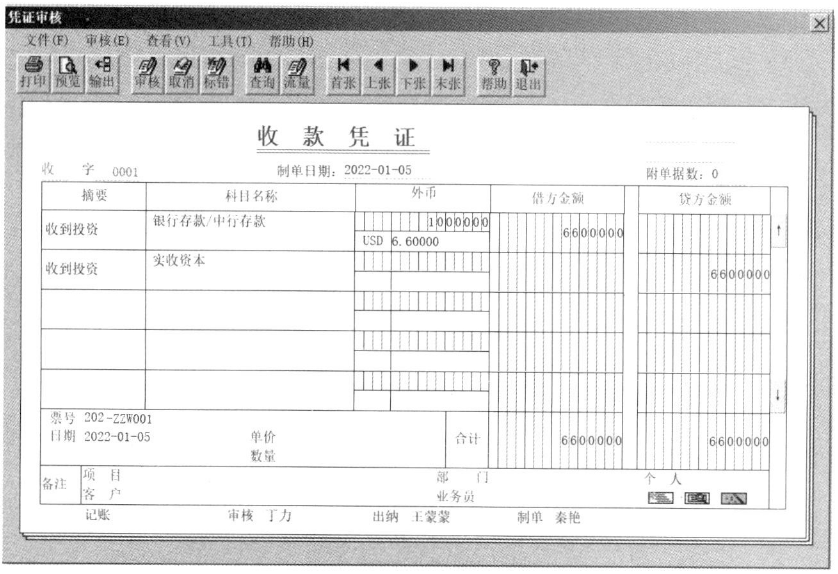

图3-13 审核凭证

（5）单击"下张"按钮，或执行"审核"→"成批审核签字"命令，对剩余凭证进行审核签字。最后单击"退出"按钮。

注意

◆ 审核人必须具有审核权。

◆ 审核人和制单人不能是同一个人。

◆ 凭证一经审核，不能被修改、删除，只有取消审核签字后才可修改或删除。

◆ 作废凭证不能被审核，也不能被标错。

子任务四　凭证记账

任务描述

对所有已审核凭证进行记账。

任务准备

记账即登记账簿，指以会计凭证为依据，将经济业务全面、系统、连续地记录到账簿中去。记账是会计核算的主要方法之一。记账由账套主管丁力完成。

微课 3-6

凭证记账

任务实施

（1）执行"总账"→"凭证"→"记账"命令，打开"记账"对话框。

（2）在"记账"对话框中，单击"全选"按钮，选择所有要记账的凭证，如图 3-14 所示。单击"下一步"按钮。

期间	类别	未记账凭证	已审核凭证	记账范围
2022.1	付	1-2	1-2	1-2
2022.1	收	1-2	1-2	1-2
2022.1	转	1-3	1-3	1-3

1. 选择本次记账范围
2. 记账报告
3. 记账

全选　全消　下一步　取消

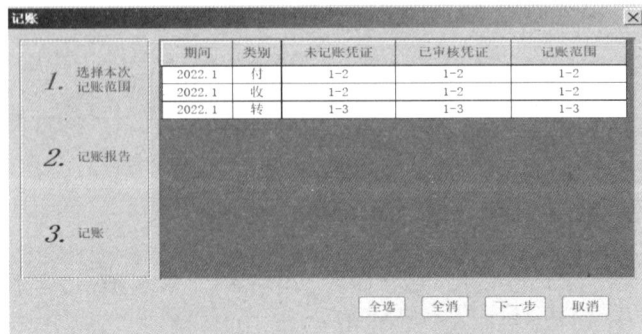

图 3-14　记账——选择记账范围

（3）系统显示记账报告，单击"下一步"按钮。单击"记账"按钮，打开"期初试算平衡表"对话框，单击"确认"按钮，系统开始记账。登记完后，系统弹出"记账完成"提示信息。单击"确定"按钮，记账完毕。

📝注意

◆ 第一次记账时，若期初余额试算不平衡，不能记账。

◆ 上月未记账，本月不能记账。

◆ 未审核凭证不能记账，记账范围应小于等于已审核凭证范围。

◆ 记完账后不能整理凭证断号；记完账后的凭证只能在"查询凭证"界面查询，不能在"填制凭证"界面查询。

知识拓展

以账套主管的身份执行"总账"→"凭证"→"恢复记账前状态"命令，可以取消记账。

子任务五　账簿查询

任务描述

（1）查询总账。

（2）查询余额表。

（3）查询明细账。

任务准备

查询账簿，是会计日常工作中另一个重要内容。除了前述现金和银行存款的查询输出外，账簿管理还包括基本会计核算账簿的查询输出，以及各种辅助核算账簿的查询输出。

总账模块提供丰富的账簿查询功能，既可以查询基本会计账簿，也可以查询辅助核算账簿。

任务实施

1. 查询总账

执行"总账"→"账簿查询"→"总账"命令，输入相应科目编码，查询总账信息。

2. 查询余额表

执行"总账"→"账簿查询"→"余额表"命令，单击"确定"按钮，查询余额表信息，如图 3-15 所示。

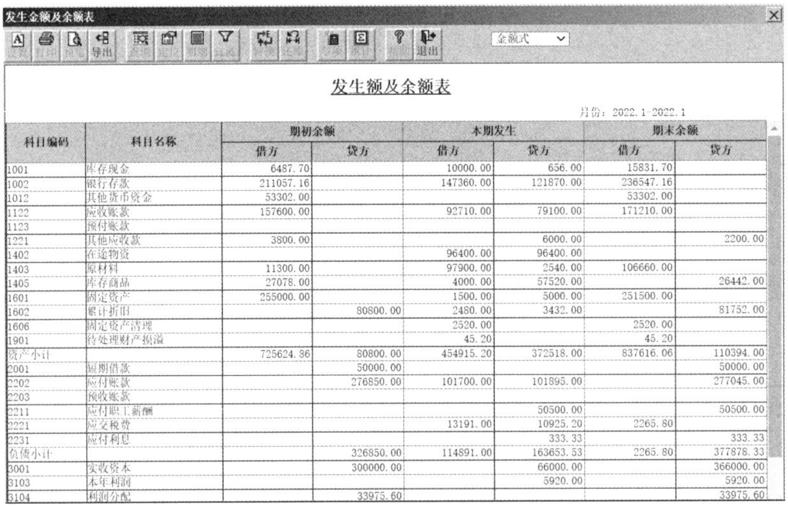

发生额及余额表

月份：2022.1-2022.1

科目编码	科目名称	期初余额		本期发生		期末余额	
		借方	贷方	借方	贷方	借方	贷方
1001	库存现金	6487.70		10000.00	656.00	15831.70	
1002	银行存款	211057.16		147360.00	121870.00	236547.16	
1012	其他货币资金	53302.00				53302.00	
1122	应收账款	157600.00		92710.00	79100.00	171210.00	
1123	预付账款						
1221	其他应收款	3800.00			6000.00		2200.00
1402	在途物资			96400.00	96400.00		
1403	原材料	11300.00		97900.00	2540.00	106660.00	
1405	库存商品	27078.00		4000.00	57520.00		26442.00
1601	固定资产	255000.00		1500.00	5000.00	251500.00	
1602	累计折旧		80800.00	2480.00	3432.00		81752.00
1606	固定资产清理			2520.00		2520.00	
1901	待处理财产损溢			45.20		45.20	
资产小计		725624.86	80800.00	454915.20	372518.00	837616.06	110394.00
2001	短期借款		50000.00				50000.00
2202	应付账款		276850.00	101700.00	101895.00		277045.00
2203	预收账款						
2211	应付职工薪酬				50500.00		50500.00
2221	应交税费			13191.00	10925.20	2265.80	
2231	应付利息				333.33		333.33
负债小计			326850.00	114891.00	163653.53	2265.80	377878.33
3001	实收资本		300000.00		66000.00		366000.00
3103	本年利润				5920.00		5920.00
3104	利润分配		33975.60				33975.60

图 3-15 查询余额表信息

3. 查询明细账

执行"总账"→"账簿查询"→"明细账"命令，查询明细账信息。

任务三 总账期末处理

子任务一 自定义转账

任务描述

（1）自定义转账凭证。

转账序号：0001；转账说明：计提短期借款利息；凭证类别：转账凭

证。会计科目分录如下。

　　借：财务费用（560301）　　　　JG()　　　（取对方科目结果）

　　　　贷：应付利息（2231）　　　QM（2001,月,贷,,,,,,2）*0.08/12

　　　　　　　　　　　　　　　　　　（"短期借款"期末余额×8%/12）

（2）生成自定义转账凭证。

（3）将生成的自定义转账凭证审核、记账。

任务准备

　　启用总账模块之初，应先通过"转账定义"设置自动转账分录，以后各月只需调用"转账生成"功能，即可快速生成自动转账凭证。如果某转账凭证的转账公式有变化，先在"转账定义"中修改转账凭证内容，然后再生成自动转账凭证。

　　"转账定义"功能提供 6 种转账功能的定义：自动转账定义设置、对应转账设置、销售成本结转设置、售价（计划价）销售成本结转、汇兑损益结转设置、期间损益结转设置。

微课 3-7

自定义转账

任务实施

　　以会计秦艳身份重新登录信息门户。执行"文件"→"重新注册"命令，输入或选择如下信息：操作员"103"，密码"3"，账套"［001］华腾科技"，会计年度"2022"，操作日期"2022-01-31"。

1. 自定义转账凭证

　　（1）执行"总账"→"期末"→"转账定义"→"自定义转账"命令，打开"自动转账设置"窗口。

　　（2）单击"增加"按钮，打开"转账目录"对话框。输入转账序号"001"，转账说明"计提短期借款利息"；选择凭证类别"转 转账凭证"，如图 3-16 所示。单击"确定"按钮，继续定义转账凭证分录信息。

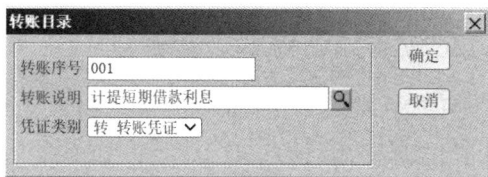

图 3-16　设置自定义转账凭证——转账目录

（3）确定分录的借方信息。选择科目编码"560301"、方向"借"，输入金额公式"JG()"，单击"增行"按钮。

（4）确定分录的贷方信息。选择科目编码"2231"、方向"贷"，输入金额公式"QM(2001,月,贷,,,,,,2)*0.08/12"。

（5）单击"保存"按钮，如图 3-17 所示，然后单击"退出"按钮。

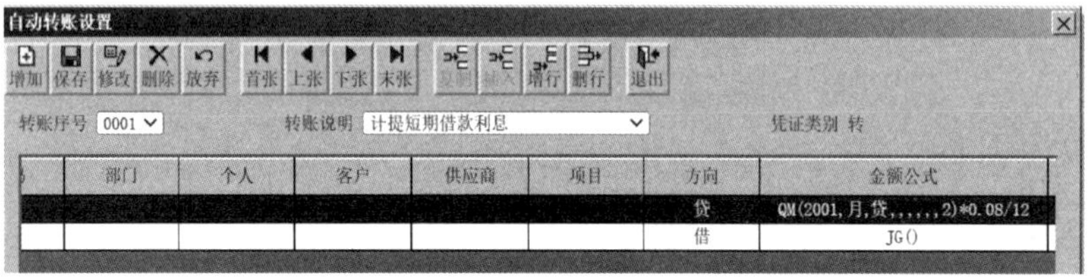

图 3-17 设置自定义转账凭证——凭证模板

注意

> 输入转账计算公式有两种方法：一是直接输入计算公式，二是以引导方式录入计算公式。

2. 生成自定义转账凭证

（1）执行"总账"→"期末"→"转账生成"命令，打开"转账生成"窗口。

（2）选中"自定义转账"单选按钮，单击"全选"按钮，勾选"包含未记账凭证"复选框，单击"确定"按钮，生成转账凭证。

微课 3-8

生成自定义转账凭证

注意

> ◆ 进行转账生成之前，先将相关经济业务的记账凭证登记入账。
> ◆ 转账凭证每月只需生成一次，不要重复生成。

（3）单击"保存"按钮，系统自动将当前凭证追加到未记账凭证中，如图 3-18 所示。

3. 将生成的自定义转账凭证审核、记账

以账套主管丁力身份重新登录信息门户。执行"文件"→"重新注册"命令，输入或选择如下信息：操作员"101"，密码"1"，账套"［001］华腾科技"，会计年度"2022"，操作日期"2022-01-31"。

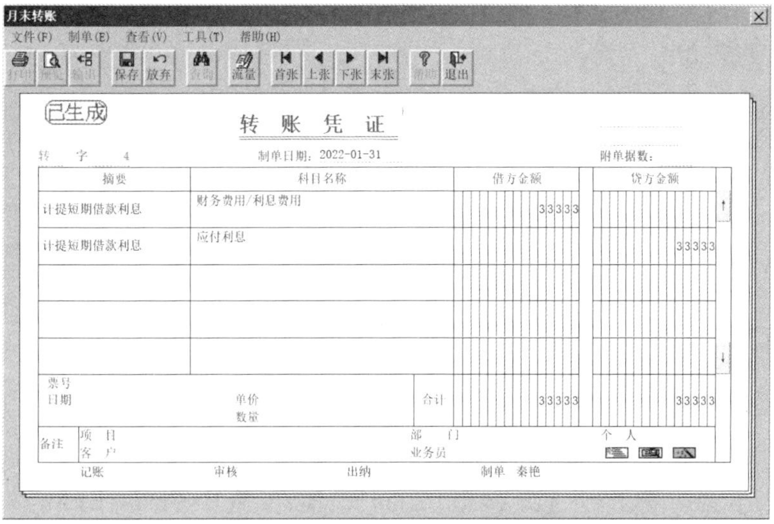

图 3-18 生成自定义转账凭证

（1）执行"总账"→"凭证"→"审核凭证"命令，将生成的自定义转账凭证审核。

（2）执行"总账"→"凭证"→"记账"命令，将生成的自定义转账凭证记账。

子任务二 期间损益结转

任务描述

（1）期间损益转账定义。将所有损益类账户结转到"本年利润"账户中。

（2）期间损益转账生成。

（3）将生成的期间损益结转凭证审核、记账。

任务准备

通常在建账初期进行期间损益结转的设置，每月末进行期间损益结转的生成。生成的期间损益结转凭证要进行审核和记账。

需要说明的是，转账生成有一定的顺序要求，若后面生成的凭证需要引用前面凭证的数据，则前面的凭证必须先生成，如计提利息的自定义转账凭证必须在期间损益结转凭证之前生成。

任务实施

微课 3-9

期间损益
转账生成

以会计秦艳身份重新登录信息门户。执行"文件"→"重新注册"命令，输入或选择如下信息：操作员"103"，密码"3"，账套"〔001〕华腾科技"，会计年度"2022"，操作日期"2022-01-31"。

1. 期间损益转账定义

（1）执行"总账"→"期末"→"转账定义"→"期间损益"命令，打开"期间损益结转设置"对话框。

（2）选择凭证类别"转 转账凭证"，输入本年利润科目"3103"，单击"确定"按钮，如图 3-19 所示。

图 3-19 设置期间损益结转凭证

2. 期间损益转账生成

（1）执行"总账"→"期末"→"转账生成"命令，打开"转账生成"窗口。

（2）选中"期间损益结转"单选按钮，单击"全选"按钮，勾选"包含未记账凭证"复选框，再单击"确定"按钮，生成转账凭证。然后单击"保存"按钮，系统自动将当前凭证追加到未记账凭证中，如图 3-20 所示。

3. 将生成的期间损益结转凭证审核、记账

以账套主管丁力身份重新登录信息门户。执行"文件"→"重新注册"命令，输入或选择如下信息：操作员"101"，密码"1"，账套"〔001〕华腾科技"，会计年度"2022"，操作日期"2022-01-31"。

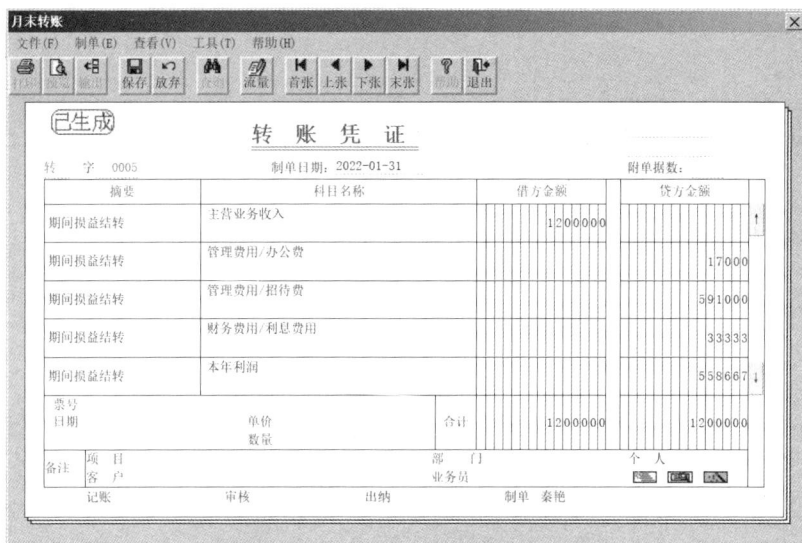

图 3-20　生成期间损益结转凭证

（1）执行"总账"→"凭证"→"审核凭证"命令，将生成的期间损益结转凭证审核。

（2）执行"总账"→"凭证"→"记账"命令，将生成的期间损益结转凭证记账。

子任务三　期末对账与结账

任务描述

完成华腾科技 2022 年 1 月的结账工作。

任务准备

在会计期末，除了对收入、费用类账户余额进行结转外，还要进行对账、结账，并在结账之前进行试算平衡。

1．对账

对账是对账簿数据进行核对，以检查记账是否正确，以及账簿是否平衡。它主要是通过核对总账与明细账、总账与辅助账数据来完成账账核对。

试算平衡就是将系统中设置的所有科目的期末余额按会计平衡公式"借方余额=贷方余额"进行平衡检验，并输出科目余额表及是否平衡信息。

2. 结账

每月月底都需要进行结账处理，结账实际上就是计算和结转各账簿的本期发生额和期末余额，并终止本期的账务处理工作。

微课 3-10

期末对账与结账

任务实施

以账套主管丁力身份重新登录信息门户。执行"文件"→"重新注册"命令，输入或选择如下信息：操作员"101"，密码"1"，账套"［001］华腾科技"，会计年度"2022"，操作日期"2022-01-31"。

（1）执行"总账"→"期末"→"结账"命令，打开"月末结账"对话框。

（2）单击要结账的月份"2022.01"，如图 3-21 所示。

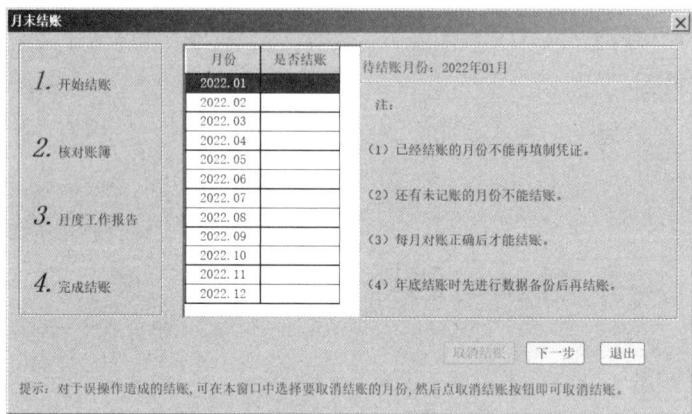

图 3-21 期末结账——选择结账月份

（3）单击"下一步"按钮，再单击"对账"按钮，系统对要结账的月份进行账账核对。

注意

◆ 结账只能由有结账权限的人进行。

◆ 本月还有未记账凭证时，本月不能结账。

◆ 结账必须按月连续进行，上月未结账，则本月不能结账。

◆ 若总账与明细账对账不符，则不能结账。

◆ 如果总账与其他模块联合使用，其他模块未全部结账，则本月不能结账。

（4）对账完毕，继续单击"下一步"按钮，系统显示"2022 年 01 月工作报告"，如图 3-22 所示。

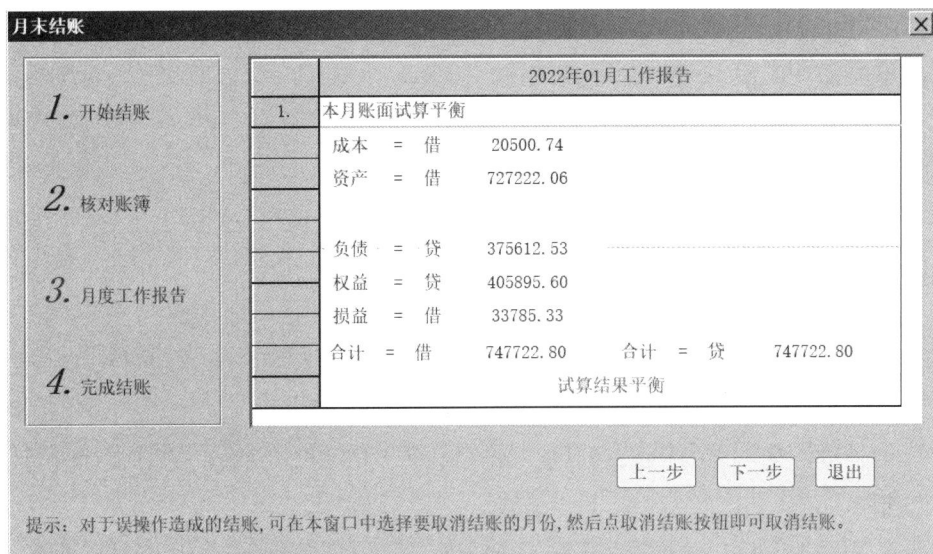

图 3-22　期末结账——显示记账报告

（5）查看工作报告后，单击"下一步"按钮。

（6）单击"结账"按钮，若符合结账要求，系统将进行结账，否则不予结账。

注意

结账前，要进行数据备份。完成结账时，如果提示"未通过检查不能结账"，可单击"上一步"按钮，查看月度工作报告，仔细查找原因。已结账月份不能再填制凭证。

知识拓展

对于误操作造成的结账或结账后发现本月有未录入的记账凭证，可在结账对话框中选择要取消结账的月份，然后单击"取消结账"按钮即可取消结账。

课后实训

【实训目的】

1. 理解总账模块初始设置的意义。

2. 熟悉总账模块参数设置。

3. 掌握总账模块期初数据的录入。

4. 掌握总账的日常业务处理。

5. 掌握总账的期末处理。

【实训要求】

1. 以账套主管田丰收（编号：101；密码：1）的身份进行总账初始设置操作，进行审核、记账和账簿查询操作，并结账。

2. 以会计杨雪（编号：103；密码：3）的身份进行填制凭证和凭证查询操作。

3. 以出纳李玲（编号：104；密码：4）的身份进行出纳签字。

【实训内容】 扫描二维码，获取详细内容。

实训三

总账管理

项目四

工资管理

学习目标

知识目标

- 理解工资账套的建立，工资类别、人员类别、工资项目的设置方法
- 掌握工资数据编辑及计算汇总的方法
- 掌握个人所得税的计算、扣缴及工资分配转账凭证生成方法

能力目标

- 会建立工资账套、设置工资类别等初始化工作
- 会完成工资数据编辑及计算汇总
- 会完成工资管理中的日常业务处理和期末业务处理工作

素养目标

- 能够独立思考、自主学习
- 培养精打细算、不浪费资源的勤俭节约精神

情景导入

北京华腾电子科技有限公司于 2022 年 1 月 1 日启用了工资管理模块，准备使用工资管理模块核算公司员工工资数据并自动进行工资费用分配。

1. 业务分工

由会计秦艳进行工资管理模块处理。

2. 相关规定

（1）北京华腾电子科技有限公司只设置一个工资类别，共有员工 9 人。

（2）公司共设置管理人员、销售人员、生产人员三类。工资费用按人员类别进行分配。

（3）公司代扣员工个人所得税，不进行扣零处理，人员编码长度：3 位。所有员工工资均由工商银行中关村分理处代发，员工银行账号为 11 位。个人所得税的扣税基数（免征额）为 5 000 元，执行最新个人所得税税率。

（4）该公司设置工资项目有：基本工资、岗位工资、请假扣款、应付工资、社会保险、住房公积金、税前工资、请假天数。

（5）公司要求通过工资费用分配模板自动生成记账凭证。

3. 基本工资数据（见表 4-1）

表 4-1　工资数据

姓名	基本工资
楚雄	5 000
丁力	3 000
王蒙蒙	2 000
秦艳	2 500
曾楠	2 000
侯勇	3 000
张茜	4 500
李安	3 000
江海北	2 500

任务学习

薪资管理是每一个单位财会部门最基本的业务之一，不仅关系到每个职工的切身利益，也是直接影响成本核算的重要因素。手工进行薪资管理，占用财务人员大量的精力和时间，并且容易出错，采用计算机进行薪资管理，可以有效地提高薪资核算的准确性和及时性。

工资管理模块的主要功能包括工资类别管理、人员档案管理、工资数据管理、工资报表管理等内容。其中，工资项目及计算公式设置、工资分摊设置为重点。

任务一 工资管理初始化设置

子任务一 建立工资账套

任务描述

建立工资账套。输入或选择以下信息：工资类别个数"单个"，核算币种"人民币 RMB"，要求代扣个人所得税，不进行扣零处理，人员编码长度"3 位"。

任务准备

工资账套与系统管理中的账套是不同的概念。系统管理中的账套针对整个核算系统，而工资账套只针对工资子系统。要建立工资账套，首先要在系统管理中建立本单位的核算账套。建立工资账套时可以根据建账向导分 4 步进行，即参数设置、扣税设置、扣零设置和人员编码。

工资核算中每个职工都有一个唯一的编码，人员编码长度应结合企业部门设置和人员数量自行定义，但总长度不能超过系统提供的最高位数。

任务实施

微课 4-1

建立工资账套

以会计秦艳身份登录信息门户。输入或选择以下信息：操作员"103"，密码"3"，账套"［001］华腾科技"，会计年度"2022"，操作日期"2022-01-01"。

（1）单击"工资"菜单项，打开"建立工资账套"对话框，在建账第一步"参数设置"中，设置本账套所需处理的工资类别个数为"单个"，默认币别名称为"人民币 RMB"，如图 4-1 所示。

（2）单击"下一步"按钮。在建账第二步"扣税设置"中，勾选"是否从工资中代扣个人所得税"复选框。

（3）单击"下一步"按钮。在建账第三步"扣零设置"中，不做选择，直接单击"下一步"按钮。

（4）在建账第四步"人员编码"中，

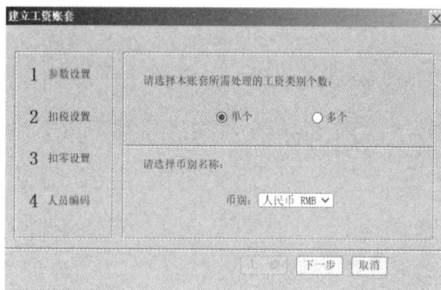

图 4-1　建立工资账套——参数设置

设置人员编码长度为"3"，本账套启用日期为"2022-01-01"，单击"完成"按钮。

子任务二　设置人员类别

任务描述

设置管理人员、销售人员、生产人员。

任务准备

人员类别与工资费用的分配有关，设置人员类别主要用于按人员类别进行工资汇总计算，并将汇总结果进行工资费用的分配。

任务实施

（1）执行"工资"→"设置"→"人员类别设置"命令，打开"人员类别设置"对话框。

（2）在"类别"文本框中选中"无类别"，输入"管理人员"。

微课 4-2

设置人员类别

图 4-2　设置人员类别

（3）单击"增加"按钮。同理，根据资料输入其他人员类别。最后删除"无类别"，如图 4-2 所示。

注意

◆ 人员类别名称可以随时修改。已经使用的人员类别不允许删除。

◆ 人员类别只剩下一个时不允许删除。

◆ 人员类别设置的目的是为"工资分摊"设置入账科目时使用。

子任务三 设置银行名称

任务描述

设置银行名称为"工商银行中关村分理处",银行账号为 11 位。

任务准备

发放工资的银行可按需要设置多个银行账户,这里的银行名称设置是针对所有工资类别而言的。例如,同一工资类别中的人员由于在不同的工作地点办公,需由不同的银行代发工资;或者不同的工资类别由不同的银行代发工资,均需设置相应的银行名称。

微课 4-3

设置银行名称

任务实施

(1)执行"工资"→"设置"→"银行名称设置"命令,打开"银行名称设置"对话框。单击"增加"按钮。

(2)在"银行名称"文本框中输入"工商银行中关村分理处",默认勾选"账号定长"复选框且账号长度为"11"。将其他银行名称删除,如图 4-3 所示。

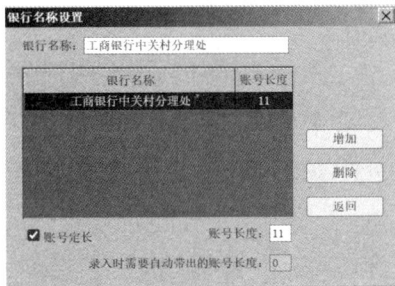

图 4-3 设置银行名称

注意

◆ "账号长度"不得为空,且不能超过 30。
◆ "录入时需要自动带出的账号长度"是指在录入"人员档案"的银行账号时,从第二个人开始,系统将根据用户在此定义的长度自动带出银行账号的相应长度,可以有效提高录入的速度。

子任务四 设置人员档案

任务描述

设置人员档案,人员档案如表 4-2 所示。

表 4-2　人员档案

职员编号	职员姓名	所属部门	人员类别	账号	中方人员	是否计税
101	楚雄	企管办	管理人员	20220010001	是	是
201	丁力	财务部	管理人员	20220010002	是	是
202	王蒙蒙	财务部	管理人员	20220010003	是	是
203	秦艳	财务部	管理人员	20220010004	是	是
301	曾楠	采购部	管理人员	20220010006	是	是
401	侯勇	销售一部	销售人员	20220010007	是	是
402	张茜	销售二部	销售人员	20220010008	是	是
501	李安	生产部	生产人员	20220010009	是	是
601	江海北	仓储部	管理人员	20220010011	是	是

注：银行名称统一为"工商银行中关村分理处"。

任务准备

人员档案的设置用于登记工资发放人员的姓名、职工编号、所在部门、人员类别等信息。此外，员工的增减变动也必须在这里处理。人员档案的操作是针对某个工资类别的，即应先打开相应的工资类别。

任务实施

（1）执行"工资"→"设置"→"人员档案"命令，打开"人员档案"窗口。

（2）单击"批增"按钮，打开"人员批量增加"对话框，选择所有部门，如图 4-4 所示。

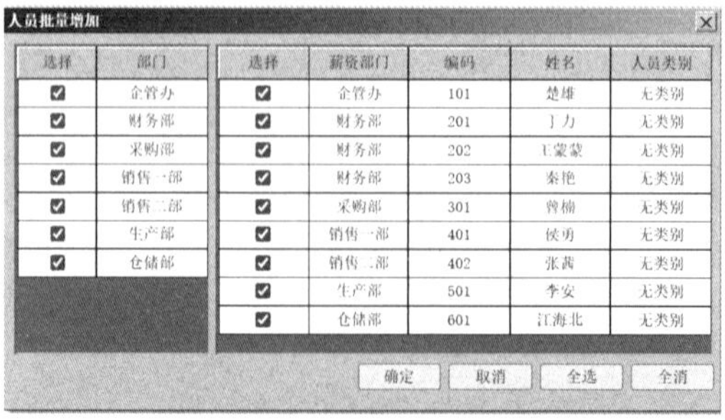

微课 4-4

设置人员档案

图 4-4　设置人员档案——批量选择人员

（3）单击"确定"按钮后返回"人员档案"窗口。选中人员"楚雄"，单击"修改"按钮，打开"修改"对话框，人员类别选择"管理人员"，选择银行名称为"工商银行中关村分理处"，输入银行账号为"20220010001"，如图4-5所示。

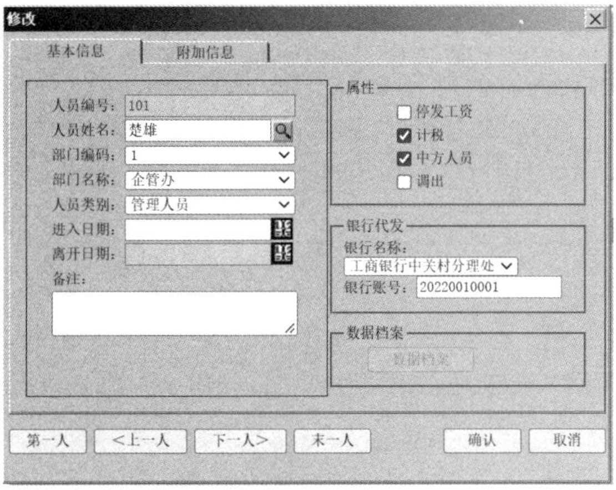

图4-5 设置人员档案——补充人员信息

（4）单击"确认"按钮。

同理，补充其他人员的人员类别及银行信息，结果如图4-6所示。

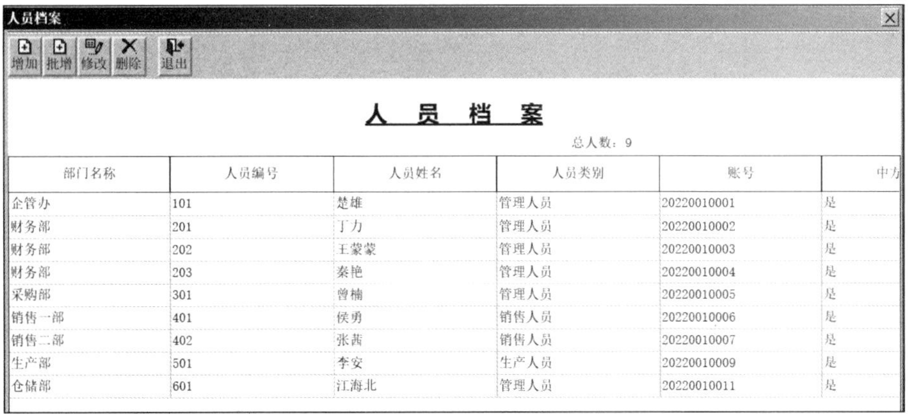

图4-6 设置人员档案——人员完整信息

子任务五 设置工资项目

任务描述

设置工资项目，工资项目如表4-3所示。

表 4-3　工资项目

项目名称	类型	长度	小数位数	增减项
基本工资	数字	10	2	增项
岗位工资	数字	10	2	增项
请假扣款	数字	10	2	减项
应付工资	数字	10	2	增项
社会保险	数字	10	2	减项
住房公积金	数字	10	2	减项
税前工资	数字	10	2	增项
请假天数	数字	10	2	其他

任务准备

工资项目设置即定义工资项目的名称、类型、长度、小数位数、增减项。工资项目解释及举例如表 4-4 所示。

表 4-4　工资项目解释及举例

说明项	解释	举例
工资项目名称	设置工资项目的名称	基本工资
类型	存放数据的类型，包括数字和字符两种类型	数字
长度	存放数据的长度	10
小数位数	小数部分的位数	2
增减项	增项：计入应发合计的项目 减项：计入扣款合计的项目 其他：不参与工资计算的项目	增项

系统中有一些固定项目，如应发合计、扣款合计、实发合计等不能删除和重命名。其他项目可根据实际情况定义或参照增加，如基本工资、奖励工资、请假天数等。在此设置的工资项目是针对所有工资类别的全部工资项目。

工资项目的设置是针对所有工资类别的。单工资类别下，只需完成工资项目设置即可；多工资类别下，工资项目设置完后，需打开某一工资类别，从已设置好的工资项目中为本工资类别选择合适的工资项目。

微课 4-5

设置工资项目

任务实施

（1）执行"工资"→"设置"→"工资项目设置"命令，打开"工资项目设置"对话框。单击"增加"按钮，工资项目列表中增加一空行。

（2）单击"名称参照"下拉按钮，从下拉列表框中选择"基本工资"选项，或直接输入"基本工资"。

（3）设置类型为"数字"，长度为"10"，小数为"2"，增减项为"增项"。

同理，单击"增加"按钮，按资料增加其他工资项目。

（4）全部设置完毕，单击右侧的▼或▲按钮，将工资项目排列成如图 4-7 所示，单击"确认"按钮。

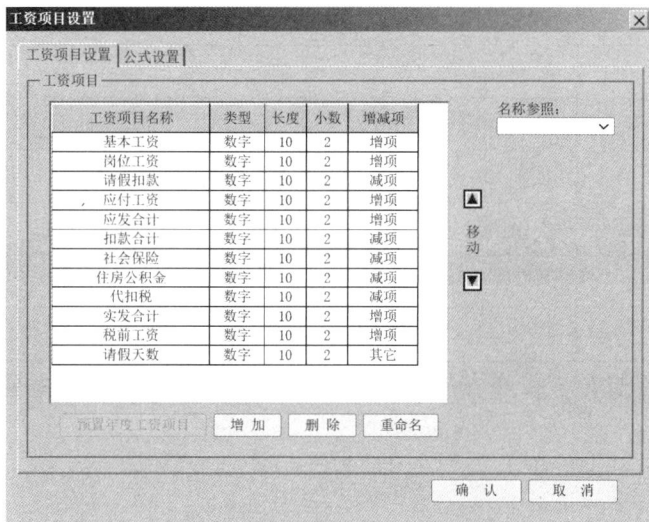

图 4-7 排列后的全部工资项目

注意

◆ 与选择的工资账套参数无关，系统均提供"应发合计""扣款合计""实发合计"项目。

◆ 如果建账时选择了"代扣个人所得税"选项，则系统提供"代扣税"项目。

◆ 如果建账时选择了"扣零"处理，则系统提供"本月扣零"和"上月扣零"两个项目。

◆ 工资项必须唯一。

子任务六　设置计算公式

任务描述

设置工资计算公式，计算公式如表 4-5 所示。

表 4-5　计算公式

工资项目	公式
岗位工资	iff(人员类别="销售人员",4000,iff(人员类别="生产人员",3000,2000))
应发合计	基本工资+岗位工资
请假扣款	请假天数×50
应付工资	应发合计-请假扣款
社会保险	应付工资×0.1
住房公积金	应付工资×0.12
税前工资	应付工资-社会保险-住房公积金
代扣税	系统自动生成
扣款合计	请假扣款+社会保险+住房公积金+代扣税
实发合计	系统自动生成（应发合计-扣款合计）

注：为了操作简便，工资项目及计算公式做了简化处理，与实际不完全相符。

任务准备

设置计算公式就是定义某些工资项目的计算公式及工资项目之间的运算关系。例如：缺勤扣款=基本工资/月工作日×缺勤天数。运用公式可直观表达工资项目的实际运算过程，灵活地进行工资计算处理。

定义公式可通过选择工资项目、运算符、关系符、函数等组合完成。系统固定的工资项目"实发合计"的计算公式为"应发合计-扣款合计"。定义公式时需要注意如下问题。

（1）定义工资项目计算公式要符合逻辑。系统将对公式进行合法性检查，对不符合逻辑的公式，系统将给出错误提示。

（2）定义公式时要注意先后顺序，先得到的数据应先设置公式。

（3）可通过单击公式框中的上下箭头按钮调整计算公式顺序。

任务实施

（1）在"工资项目设置"对话框中的"公式设置"选项卡下，单击"增加"按钮，在工资项目列表中选择"岗位工资"选项。

（2）在"岗位工资公式定义"文本框中直接输入公式"iff(人员类别="销售人员",4000,iff(人员类别="生产人员",3000,2000))"，单击"公式确认"按钮，如图 4-8 所示。

（3）同理，单击"增加"按钮，按资料设置其他计算公式，最后单击下方"确认"按钮。

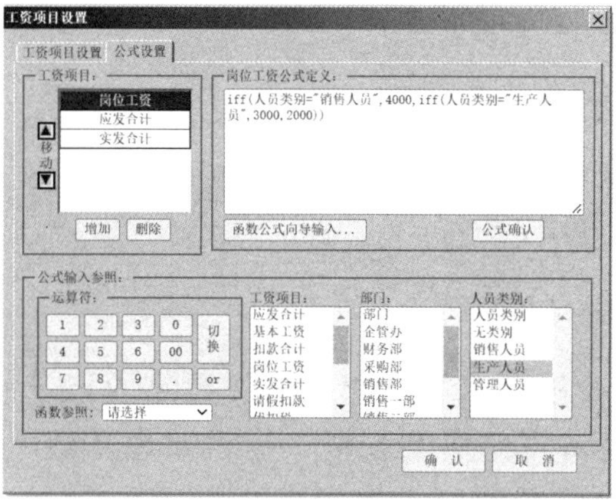

图 4-8 设置计算公式

子任务七 设置个人所得税税率

任务描述

个人所得税免征额为 5 000 元，七级超额累进税率表如表 4-6 所示。

表 4-6 七级超额累进税率表

级数	应纳税所得额	税率	速算扣除数
1	不超过 36 000 元的部分	3%	0
2	超过 36 000 元至 144 000 元的部分	10%	2 520
3	超过 144 000 元至 300 000 元的部分	20%	16 920
4	超过 300 000 元至 420 000 元的部分	25%	31 920

续表

级数	应纳税所得额	税率	速算扣除数
5	超过 420 000 元至 660 000 元的部分	30%	52 920
6	超过 660 000 元至 960 000 元的部分	35%	85 920
7	超过 960 000 元的部分	45%	181 920

任务准备

鉴于许多企事业单位计算职工工资薪金所得税时的工作量较大，本系统特提供个人所得税的自动计算功能。用户只需自定义个人所得税的税率，系统就能自动计算个人所得税。

1. 设置个人所得税税率表

个人所得税的算法是以 5 000 元为基数（即免征额），按照国家规定的七级超额累进税率表进行计算。

2. 计算与申报个人所得税

"个人所得税扣缴申报表"是个人纳税情况的记录，企业每月需要向税务机关上报。系统默认以"实发工资"作为扣税基数，但企业可以自行选择其他工资项目作为扣税基数。

微课 4-7

设置个人所得税税率

任务实施

（1）执行"工资"→"业务处理"→"扣缴所得税"命令，打开"栏目选择"对话框。

（2）对应工资项目选择"应付工资"，如图 4-9 所示。单击"确认"按钮，打开"个人所得税"窗口。

（3）单击"税率"按钮，输入基数"5000"、附加费用"0"，按资料设置七级税率表，如图 4-10 所示。单击"确认"按钮，再单击"确定"按钮。

图 4-9　选择计税工资项目

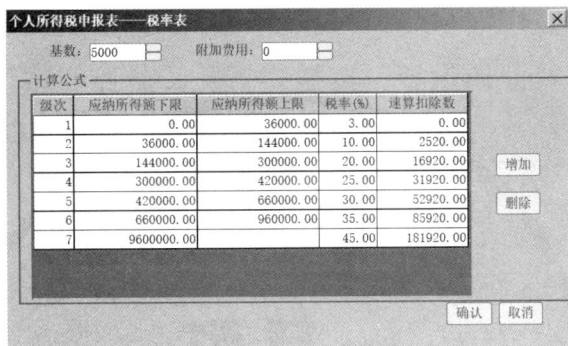

图 4-10　设置个人所得税税率

子任务八　设置工资分摊

✎ 任务描述

设置工资费用分配模板（计提基数以工资表中的"应付工资"为准），工资费用分配模板如表 4-7 所示。

表 4-7　工资费用分配模板

部门工资分摊		应付工资（100%）	
		借方科目	贷方科目
企管办、财务部、采购部、仓储部	管理人员	管理费用——职工薪酬	应付职工薪酬——工资
销售部	销售人员	销售费用——职工薪酬	应付职工薪酬——工资
生产部	生产人员	生产成本——直接人工	应付职工薪酬——工资

☕ 任务准备

在 T3 软件中通过事先定义工资转账关系，就可以每月自动分配工资费用，生成转账凭证。定义工资转账关系就是定义工资费用分配模板，即确定不同类别人员的工资记入不同的费用科目中。

微课 4-8

设置工资分摊

✎ 任务实施

（1）执行"工资"→"业务处理"→"工资分摊"命令，

打开“工资分摊”对话框。

（2）单击“工资分摊设置”按钮，打开“分摊类型设置”对话框。单击“增加”按钮，打开“分摊构成设置”对话框。

（3）输入计提类型名称“应付工资”、分摊计提比例“100%”，如图 4-11 所示。

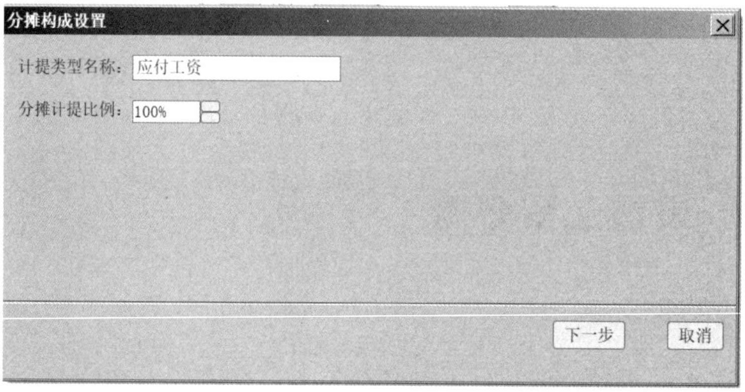
分摊构成设置
计提类型名称：
应付工资
分摊计提比例：
100%
下一步
取消

图 4-11　设置工资分摊类型

（4）单击“下一步”按钮，根据资料，设置输入“部门名称”“人员类别”“项目”“借方科目”“贷方科目”等数据，如图 4-12 所示。输入完成后单击“完成”按钮，然后返回“工资分摊”对话框，单击“确认”按钮。

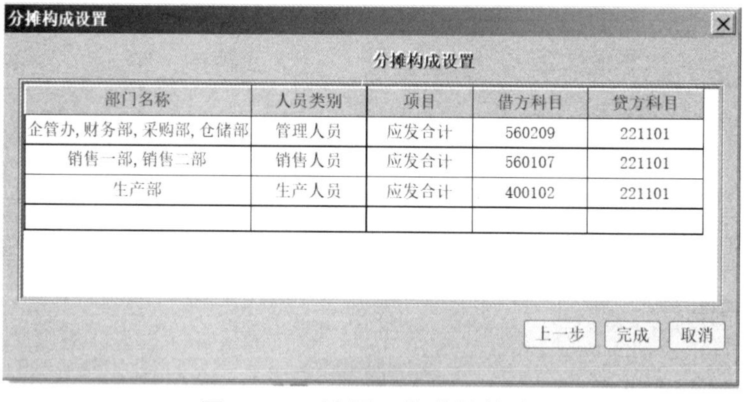
分摊构成设置
分摊构成设置
部门名称
人员类别
项目
借方科目
贷方科目
企管办，财务部，采购部，仓储部
管理人员
应发合计
560209
221101
销售一部，销售二部
销售人员
应发合计
560107
221101
生产部
生产人员
应发合计
400102
221101
上一步
完成
取消

图 4-12　设置工资分摊构成

注意

设置工资分摊类型一般需要在系统初始化阶段进行，如无变化，不需每月调整。

知识拓展

在 T3 软件中，也可定义模板自动生成计提工会经费（应付工资的 2%）和职工教育经费（应付工资的 1.5%）的凭证。

1. 计提工会经费（见表 4-8）

表 4-8　计提工会经费

部门工资分摊		工会经费	
		借方科目	贷方科目
企管办、财务部、采购部、仓储部	管理人员	管理费用——职工薪酬	应付职工薪酬——工会经费
销售部	销售人员	销售费用——职工薪酬	应付职工薪酬——工会经费
生产部	生产人员	生产成本——直接人工	应付职工薪酬——工会经费

2. 计提职工教育经费（见表 4-9）

表 4-9　计提职工教育经费

部门工资分摊		职工教育经费	
		借方科目	贷方科目
企管办、财务部、采购部、仓储部	管理人员	管理费用——职工薪酬	应付职工薪酬——职工教育经费
销售部	销售人员	销售费用——职工薪酬	应付职工薪酬——职工教育经费
生产部	生产人员	生产成本——直接人工	应付职工薪酬——职工教育经费

另外，发放工资需要在总账模块直接填制凭证，会计分录如下。

借：应付职工薪酬

　　贷：银行存款

子任务九　输入期初数据

任务描述

根据表 4-1 输入期初工资数据。

任务准备

工资数据按变动频度分为固定工资数据和变动工资数据两部分。固定工资数据是指每月相对固定不变的工资数据。初次使用工资管理模块时需要录入固定工资数据。

任务实施

（1）执行"工资"→"业务处理"→"工资变动"命令，打开"工资变动"窗口。

（2）根据资料输入期初工资数据，如图4-13所示。输入完成后单击"退出"按钮。

微课 4-9

输入期初数据

人员编号	姓名	部门	人员类别	基本工资
101	楚雄	企管办	管理人员	5000.00
201	丁力	财务部	管理人员	3000.00
202	王蒙蒙	财务部	管理人员	2000.00
203	秦艳	财务部	管理人员	2500.00
301	曾楠	采购部	管理人员	2000.00
401	侯勇	销售一部	销售人员	3000.00
402	张茜	销售二部	销售人员	4500.00
501	李安	生产部	生产人员	3000.00
601	江海北	仓储部	管理人员	2500.00
合计				27500.00

图 4-13 输入期初工资数据

任务二 工资管理日常业务处理

子任务一 工资变动及计算

任务描述

输入本月考勤数据：王蒙蒙请假 2 天，曾楠请假 1 天。

任务准备

由于职工工资与考勤、工作业绩等各项因素相关，因此，每个月都需要进行职工工资数据的调整。为了快速、准确地录入工资数据，T3 软件提供以下功能。

1. 筛选和定位

如果对部分人员的工资数据进行修改，可采用数据过滤的方法，先将所要修改的人员过滤出来，再进行工资数据修改。修改完毕后进行"重新计算"和"汇总"。

2. 页编辑

工资变动界面提供了"编辑"按钮，用户可以对选定的个人进行快速录入。单击"上一人""下一人"按钮可变更人员、录入或修改其他人员的工资数据。

3. 替换

替换就是将符合条件的人员的某工资项目的数据统一替换成某个数据，例如，将管理人员的奖金上调 100 元。

4. 过滤器

如果只对工资项目中的某一个或几个项目进行修改，可将要修改的项目先过滤出来，如只对事假天数、病假天数两个工资项目的数据进行修改。

微课 4-10

工资变动及计算

任务实施

（1）执行"工资"→"业务处理"→"工资变动"命令，打开"工资变动"窗口。

（2）输入考勤情况：王蒙蒙请假 2 天，曾楠请假 1 天。

（3）单击"计算"按钮，计算工资数据，如图 4-14 所示。单击"汇总"按钮，汇总工资数据。单击"退出"按钮，退出"工资变动"窗口。

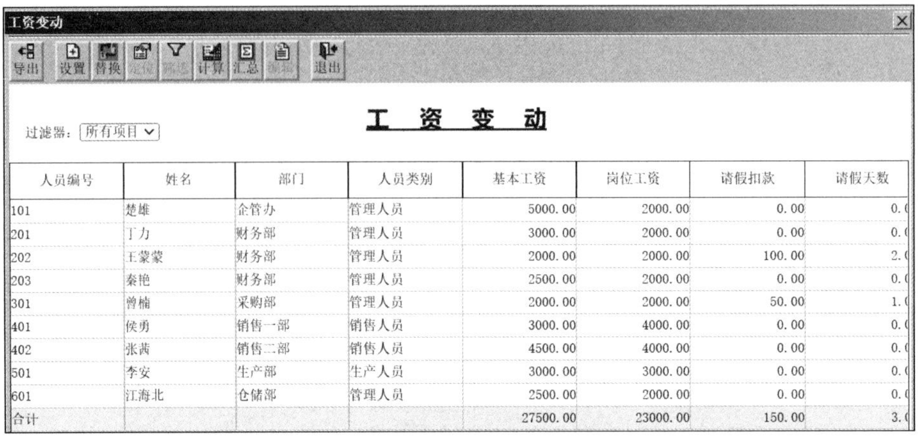

图 4-14　工资数据变动——工资计算

注意

◆ 第一次使用工资管理模块必须录入所有人员的基本工资数据。工资数据可以在录入人员档案时直接录入，需要计算的内容在录入人员档案功能中进行计算。

◆ 如果工资数据变化较大，可以使用替换功能进行替换。

◆ 在修改了某些数据、重新设置了计算公式、进行了数据替换或在个人所得税中执行了自动扣税等操作时，必须调用"计算"和"汇总"功能对个人工资数据进行重新计算，以保证数据正确。

◆ 如果对工资数据只进行了"计算"操作，而未进行"汇总"操作，则退出时系统会询问："数据发生变动后尚未进行汇总，是否进行汇总？"如果需要汇总，则单击"是"按钮，否则单击"否"按钮。

子任务二　扣缴个人所得税

任务描述

该公司在扣除 5 000 元的费用基数后计算个人所得税，附加费用改为 1 300 元。试计算应缴个人所得税并重新计算工资。

任务准备

个人所得税是根据《中华人民共和国个人所得税法》对个人所得征收

的一种税。系统中提供了个人所得税自动计算功能，用户只需要定义个人所得税税率、设置扣税基数，就可以由系统自动计算个人所得税，既减轻了用户的工作负担，又提高了工作效率。

微课 4-11

扣缴个人所得税

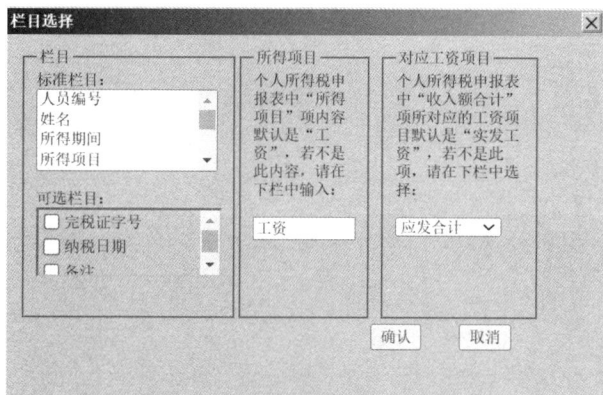

任务实施

（1）执行"工资"→"业务处理"→"扣缴所得税"命令，或直接单击"扣缴个人所得税"按钮，打开"栏目选择"对话框，如图 4-15 所示。

图 4-15 "栏目选择"对话框

（2）单击"确认"按钮，打开"个人所得税"窗口，如图 4-16 所示。

个人所得税扣缴申报表

2022年01月　　　　总人数：9

人员编号	姓名	所得期间	所得项目	收入额合计	减费用额	应纳所得额
101	楚雄	1	工资	7000.00	5000.00	2000.00
201	丁力	1	工资	5000.00	5000.00	0.00
202	王蒙蒙	1	工资	4000.00	5000.00	0.00
203	秦艳	1	工资	4500.00	5000.00	0.00
301	曾楠	1	工资	4000.00	5000.00	0.00
401	侯勇	1	工资	7000.00	5000.00	2000.00
402	张茜	1	工资	8500.00	5000.00	3500.00
501	李安	1	工资	6000.00	5000.00	1000.00

图 4-16 个人所得税扣缴申报表

（3）单击"税率"按钮，打开"个人所得税申报表——税率表"对话框。在"个人所得税申报表——税率表"对话框中，确认基数为 5 000 元，附加费用为 1 300 元，如图 4-17 所示。

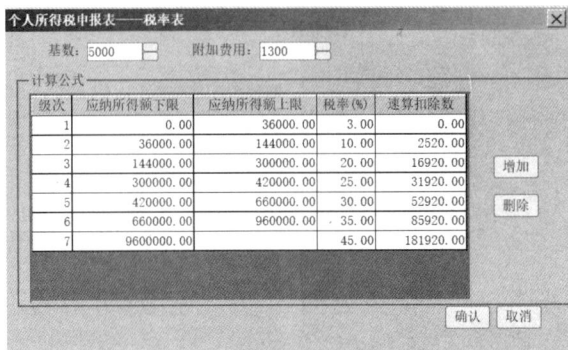

图 4-17　个人所得税申报表——税率表

（4）单击"确认"按钮，系统询问："调整税率表后，个人所得税需要重新计算，是否重新计算？"

（5）单击"确定"按钮，返回"个人所得税"窗口，然后单击"退出"按钮。

子任务三　工资分摊

任务描述

进行工资费用分配并生成记账凭证（生产人员工资记入"会计基础多媒体课件"项目中）。

任务准备

工资分摊即工资及相关费用分配，是按照所设置的分配模板，对工资费用分配及各种经费的计提，并编制转账凭证，传递到总账模块中。传递到总账模块中的凭证仍需审核、记账。

微课 4-12

工资分摊

任务实施

（1）执行"工资"→"业务处理"→"工资分摊"命令，打开"工资分摊"对话框。

（2）在"工资分摊"对话框中，选择计提费用类型为"应付工资"，选择所有的核算部门，勾选"明细到工资项目"复选框，如图 4-18 所示。单击"确定"按钮。

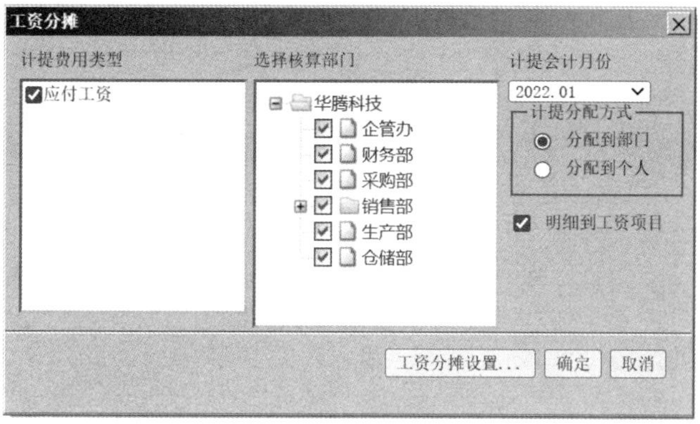

图 4-18 工资分摊

（3）打开"工资分摊明细"窗口，在"应付工资一览表"中，勾选"合并科目相同、辅助项相同的分录"复选框。

（4）单击"制单"按钮，打开"填制凭证"窗口。选择凭证类型为"转"，补充"生产成本/直接人工"科目的项目辅助核算内容"会计基础多媒体课件"，单击"保存"按钮，如图 4-19 所示。

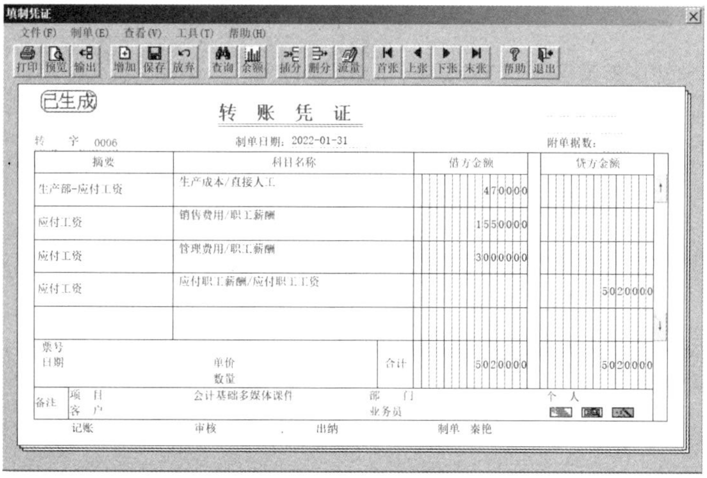

图 4-19 生成凭证

任务三 工资管理期末处理

任务描述

在工资管理模块进行期末处理，将"请假扣款"和"请假天数"工资项目清零。

任务准备

工资管理模块期末处理即月末处理，是将当月数据经过处理后结转至下月，每月的工资数据处理完毕后均可进行月末结转。如果处理多个工资类别，则应按照工资类别分别进行月末处理。

任务实施

（1）执行"工资"→"业务处理"→"月末处理"命令，打开"月末处理"对话框。单击"确认"按钮，打开"选择清零项目"对话框。

（2）在"请选择清零项目"列表中，单击选择"请假扣款"和"请假天数"，单击">"按钮，将所选项目移动到右侧的列表框中。

（3）单击"确认"按钮，系统提示"月末处理成功！"，如图 4-20 所示单击"确定"按钮。

图 4-20　提示处理成功

注意

月末处理之前，要保证本月工资数据变动完毕。

课后实训

【实训目的】

1. 熟悉建立工资账套、设置人员类别、设置人员档案、输入期初数据、工资变动等操作。

2. 掌握工资项目设置、计算公式设置、个人所得税税率设置和工资分摊设置与凭证生成等操作。

【实训要求】

以会计杨雪（编号：103；密码：3）的身份进行工资业务处理。

【实训内容】扫描二维码，获取详细内容。

项目五

固定资产管理

🔒 **学习目标**

知识目标

- 理解固定资产账套的建立、部门对应折旧科目的设置、录入原始卡片等的方法
- 掌握资产类别的设置、增减方式的设置、使用状况的设置、折旧方法的设置等的方法

能力目标

- 会设置固定资产账套、录入原始卡片等操作
- 会固定资产的增减变动和计提折旧等操作

素养目标

- 能够独立思考、自主学习
- 培养运用新异、独创的方法来解决问题的创新精神

情景导入

北京华腾电子科技有限公司于 2022 年 1 月 1 日启用固定资产模块，进行固定资产核算。

1. 业务分工

由会计秦艳进行固定资产模块核算的相关操作。

2. 相关规定

（1）该公司采用平均年限法计提折旧。固定资产按"类别编号+部门编号+序号"的方式自动编码。

（2）该公司固定资产分为两类：交通运输设备、电子设备及其他通信设备。生产部的固定资产折旧记入制造费用科目中，销售部的固定资产折旧记入销售费用科目中，其他部门的固定资产折旧记入管理费用科目中。

3. 期初固定资产卡片数据

该公司期初固定资产卡片数据见表 5-1。固定资产净残值率均为 4%，使用状况均为"在用"，折旧方法均采用平均年限法（一）。

表 5-1　期初固定资产卡片数据　　　　金额单位：元

固定资产名称	类别编号	所在部门	增加方式	可使用年限	开始使用日期	原值	累计折旧	对应折旧科目
轿车	011	企管办	直接购入	6	2019-12-01	240 000	76 800	管理费用——折旧费
笔记本电脑	021	企管办	直接购入	5	2020-12-01	10 000	1 600	管理费用——折旧费
传真机	021	企管办	直接购入	5	2018-12-01	5 000	2 400	管理费用——折旧费
合计						255 000	80 800	

4. 固定资产日常业务

（1）1 月 22 日，财务部购买扫描仪一台，价值 3 000 元，净残值率 4%，预计使用年限 5 年。

（2）1月31日，计提本月折旧额。

（3）1月31日，企管办毁损传真机一台。

任务学习

T3软件可以帮助企业进行固定资产日常业务的核算和管理，输入固定资产原始卡片、资产增减变动、计提折旧等内容是重点。

任务一　固定资产管理初始化设置

子任务一　建立固定资产账套

任务描述

建立固定资产账套，固定资产账套如表5-2所示。

表5-2　固定资产账套

控制参数	参数设置
约定与说明	我同意
启用月份	2022年1月
折旧信息	本账套计提折旧 折旧方法：平均年限法（一） 折旧汇总分配周期：1个月 当（月初已计提月份=可使用月份-1）时，将剩余折旧全部提足
编码方式	资产类别编码长度：2112 固定资产编码方式：按"类别编号+部门编号+序号"自动编码； 卡片序号长度为5
财务接口	与账务系统进行对账 固定资产对账科目：1601 固定资产 累计折旧对账科目：1602 累计折旧
补充参数	业务发生后立即制单 月末结账前一定要完成制单登账业务 固定资产缺省入账科目：1601 累计折旧缺省入账科目：1602 可抵扣税额入账科目：22210101

任务准备

在系统管理中已经建立了企业核算账套，在固定资产模块中还需要针对固定资产设置相应的控制参数，包括约定与说明、启用月份、折旧信息、编码方式及财务接口等。这些参数在初次启用固定资产模块时设置，其他参数可以在"选项"中补充。

微课 5-1

建立固定资产账套

任务实施

以会计秦艳身份登录信息门户。输入或选择如下信息：操作员"103"，密码"3"，账套"［001］华腾科技"，会计年度"2022"，操作日期"2022-01-01"。

1. 建立固定资产账套

（1）单击"固定资产"菜单项，系统询问"这是第一次打开此账套，还未进行过初始化，是否进行初始化？"，单击"确定"按钮，打开"固定资产初始化向导"对话框。

（2）在"1. 约定及说明"步骤中，选中"我同意"单选按钮，单击"下一步"按钮，进入"2. 启用月份"步骤。默认启用月份为"2022.01"，单击"下一步"按钮，进入"3. 折旧信息"对话框。

（3）勾选"本账套计提折旧"复选框；选择折旧方法为"平均年限法（一）"，折旧汇总分配周期为"1 个月"；勾选"当（月初已计提月份=可使用月份-1）时，将剩余折旧全部提足（工作量法除外）"复选框。

（4）单击"下一步"按钮，进入"4. 编码方式"对话框。确定资产类别编码长度为"2112"；选中"自动编码"单选按钮，选择固定资产编码方式为"类别编号+部门编号+序号"，选择序号长度为"5"，如图 5-1 所示。

（5）单击"下一步"按钮，进入"5. 财务接口"对话框。勾选"与账务系统进行对账"复选框，选择固定资产对账科目为"1601，固定资产"，累计折旧对账科目为"1602，累计折旧"，勾选"在对账不平衡的情况下允许固定资产月末结账"复选框，如图 5-2 所示。

（6）单击"下一步"按钮，进入"6. 完成"对话框。单击"完成"按钮，完成本账套的初始化。

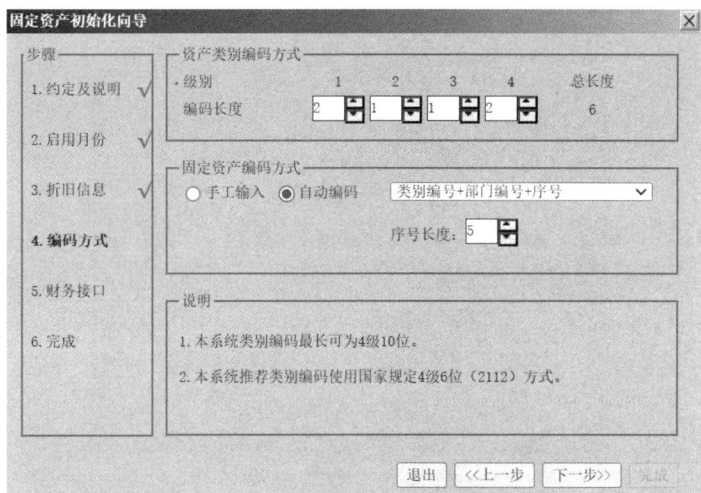

图 5-1　建立固定资产账套——固定资产编码方式

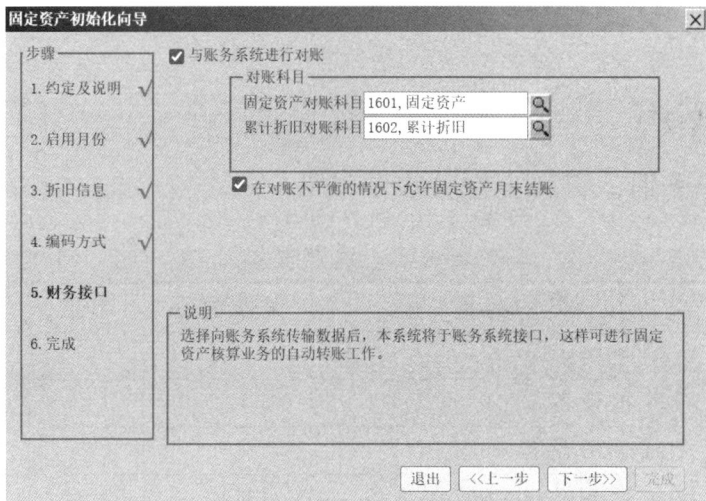

图 5-2　建立固定资产账套——对账科目设置

2. 补充参数设置

（1）执行"固定资产"→"设置"→"选项"命令，打开"固定资产选项"对话框。

（2）在"与账务系统接口"选项卡中，勾选"业务发生后立即制单""月末结账前一定要完成制单登账业务"复选框，选择可纳税调整的增加方式为"直接购入"。

（3）选择固定资产缺省入账科目为"1601，固定资产"，累计折旧缺省入账科目为"1602，累计折旧"，可抵扣税额入账科目为"22210101，应交税费/应交增值税"，如图 5-3 所示。单击"确定"按钮。

微课 5-2

补充参数设置

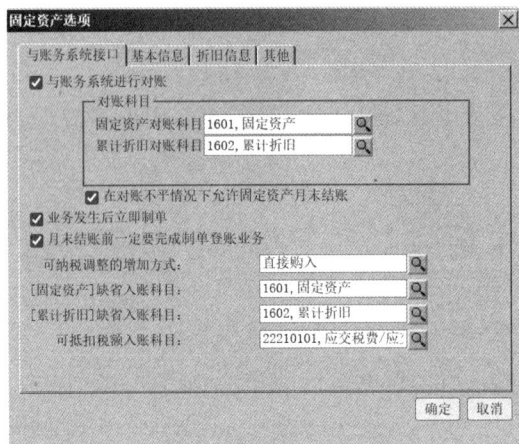

图 5-3　参数设置

子任务二　设置资产类别

任务描述

设置资产类别，资产类别如表 5-3 所示。

表 5-3　资产类别

编码	类别名称	净残值率	单位	计提属性
01	交通运输设备	4%		正常计提
011	经营用设备	4%		正常计提
012	非经营用设备	4%		正常计提
02	电子设备及其他通信设备	4%		正常计提
021	经营用设备	4%	台	正常计提
022	非经营用设备	4%	台	正常计提

任务准备

固定资产的种类繁多，规格不一。要强化固定资产管理，及时准确做好固定资产核算，必须科学地建立固定资产的分类。

微课 5-3

设置资产类别

任务实施

（1）执行"固定资产"→"设置"→"资产类别"命令，

打开"资产类别"窗口，单击"添加"按钮。

（2）输入类别名称"交通运输设备"，净残值率"4%"；选择计提属性"正常计提"，折旧方法"平均年限法(一)"，卡片样式"通用样式"，如图 5-4 所示。

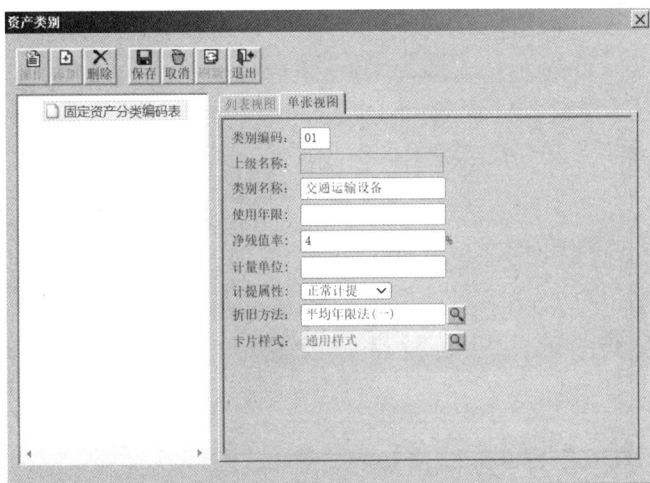

图 5-4　设置固定资产类别

（3）单击"保存"按钮。

同理，完成其他固定资产类别的设置。

子任务三　设置部门对应折旧科目

任务描述

设置部门对应折旧科目，部门对应折旧科目如表 5-4 所示。

表 5-4　部门对应折旧科目

部门	对应折旧科目
企管办、财务部、采购部、仓储部	管理费用——折旧费（560210）
销售部	销售费用——折旧费（560104）
生产部	制造费用——折旧费（410101）

任务准备

部门对应折旧科目是指折旧费用的入账科目。

任务实施

（1）执行"固定资产"→"设置"→"部门对应折旧科目设置"命令，打开"部门对应折旧科目"窗口。选择部门名称为"企管办"，单击"操作"按钮。

图 5-5　设置部门对应折旧科目

（2）输入折旧科目为"560210，管理费用/折旧费"，如图 5-5 所示。单击"保存"按钮。

同理，完成其他部门折旧科目的设置。

子任务四　设置增减方式

任务描述

设置增减方式的对应入账科目，相关信息如表 5-5 所示。

表 5-5　增减方式的对应入账科目

增减方式目录	对应入账科目
增加方式	
直接购入	100201，农行存款
减少方式	
毁损	1606，固定资产清理

任务准备

固定资产增减方式即资产增加的来源和减少的去向。在增减方式的设置中可以定义不同增减方式的对应入账科目，配合固定资产和累计折旧的入账科目使用，当发生相应的固定资产增减变动时可以快速生成转账凭证，减少手工输入数据的业务量。

任务实施

（1）执行"固定资产"→"设置"→"增减方式"命令，打开"增减方式"窗口。

（2）在左边列表框中，单击增加方式下的"直接购入"，单击"操作"按钮。

（3）输入对应入账科目为"100201，银行存款/农行存款"，如图5-6所示。

图 5-6 设置增减方式的对应科目

（4）单击"保存"按钮。

同理，输入减少方式"毁损"的对应入账科目"1606，固定资产清理"。

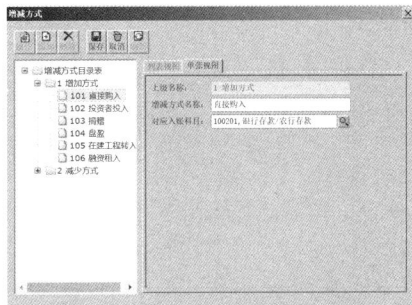

子任务五 输入固定资产原始卡片

任务描述

根据表 5-1 输入固定资产原始卡片。

任务准备

固定资产模块的初始数据是指系统投入使用前企业现存固定资产的全部有关数据，主要是固定资产原始卡片的有关数据。

通常，一张原始卡片代表一项固定资产。卡片输入完成后，应将固定资产模块中数据与账务系统所记录的总数进行核对，如每类固定资产卡片原值的合计应该等于账务系统相应固定资产明细科目的余额，卡片已提折旧的合计应等于累计折旧账户的余额。

任务实施

（1）执行"固定资产"→"卡片"→"录入原始卡片"命令，打开"资产类别参照"对话框。

（2）选择固定资产类别为"011 经营用设备"，如图5-7所示。单击"确认"按钮，打开"录入原始卡片"窗口。

（3）输入固定资产名称"轿车"；双击部门名称栏选择"企管办"，双击增加方式栏选择"直接购入"，双击使用状况栏选择"在用"；输入开始使用日期"2019-12-01"；输入原值"240000"，累计折旧"76800"；输入使用年限"6 年 0 月"；其他信息自动算出，如图 5-8 所示。

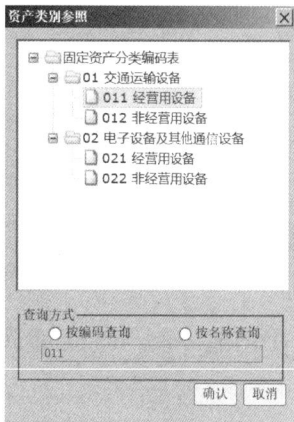

图 5-7　选择资产类别

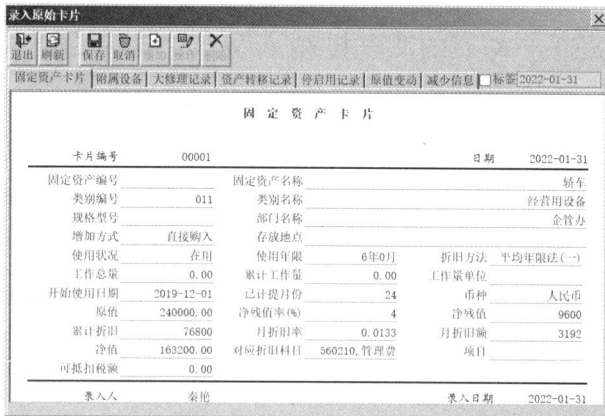

图 5-8　输入固定资产原始卡片

（4）单击"保存"按钮，系统提示"原始卡片录入成功"，单击"确定"按钮。

同理，根据资料完成其他固定资产原始卡片的输入。

任务二　固定资产管理日常业务处理

子任务一　资产增加

任务描述

1 月 21 日，财务部购买扫描仪一台，价值 1 500 元，净残值率 4%，预计使用年限 5 年，可抵扣税额为 195 元。

任务准备

资产增加是指以购进或其他方式增加企业资产。资产增加需要输入一张新的固定资产卡片。当月增加的资产，当月不提折旧。

任务实施

微课 5-7

资产增加

（1）执行"固定资产"→"卡片"→"资产增加"命令，打开"资产类别参照"对话框。

（2）选择资产类别为"021 经营用设备"，单击"确认"按钮，打开"资产增加"窗口。

（3）输入固定资产名称"扫描仪"；双击部门名称选择"财务部"；双击增加方式选择"直接购入"；双击使用状况选择"在用"；输入原值"1500"，可抵扣税额"195"，使用年限"5 年 0 月"，开始使用日期"2022-01-21"，如图 5-9 所示。

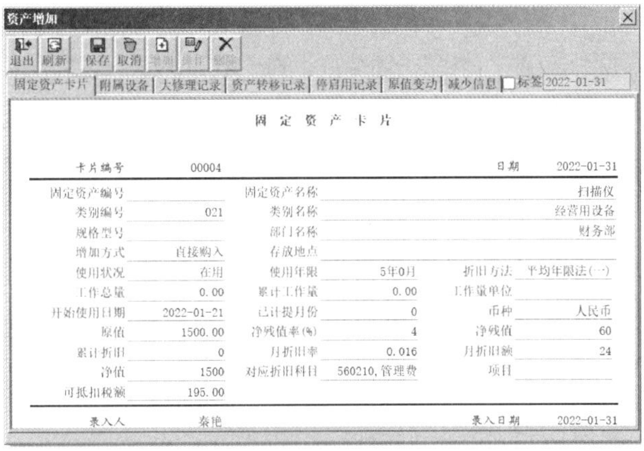

图 5-9　新增固定资产

（4）单击"保存"按钮，打开"填制凭证"窗口。修改凭证类别为"付"，单击"保存"按钮，如图 5-10 所示。

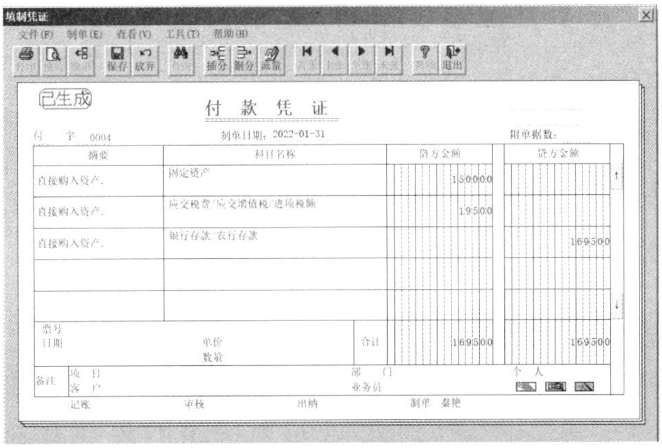

图 5-10　生成凭证

知识拓展

1. 批量制单

若业务发生时没有立即制单，也可在月末结账前批量制单。批量制单的步骤如下。

（1）执行"固定资产"→"处理"→"批量制单"命令，打开"批量制单"窗口。在制单栏双击选择要制单的业务单据。

（2）在"制单设置"选项卡中，补充借贷方科目。

（3）单击"制单"按钮，修改凭证类别为"付"，然后单击"保存"按钮。

2. 凭证删除

对于生成的记账凭证，可以执行"固定资产"→"处理"→"凭证查询"命令，将错误凭证删除。

3. 资产变动

固定资产日常管理过程中出现原值变动、部门转移、资产类别调整等情况时，需通过变动单进行处理。变动单是指资产在使用过程中由于固定资产卡片上某些项目调整而编制的原始凭证。

子任务二 计提折旧

任务描述

1月31日，计提本月固定资产折旧。

任务准备

计提折旧是固定资产模块的基本功能之一，每月末都要进行，主要包括折旧的计提与折旧的分配。

1. 折旧计提

根据固定资产卡片中的信息，系统对各项固定资产每期计提一次折旧，自动计算所有资产当期累计折旧，将当期累计折旧额累加到累计折旧项中，并自动生成折旧清单。

2. 折旧分配

折旧计提工作完成后进行折旧分配形成折旧费用，生成折旧分配表。系统根据折旧分配表，自动生成折旧凭证并传递到账务系统。

任务实施

微课 5-8

计提折旧

（1）执行“固定资产”→“处理”→“计提本月折旧”命令，系统询问“本操作将计提本月折旧，并花费一定时间，是否继续？”。

（2）单击“确定”按钮，系统继续询问“是否查看折旧清单？”。再次单击“确定”按钮，打开“折旧清单”窗口，如图 5-11 所示。单击“退出”按钮，打开“折旧分配表”窗口，如图 5-12 所示。

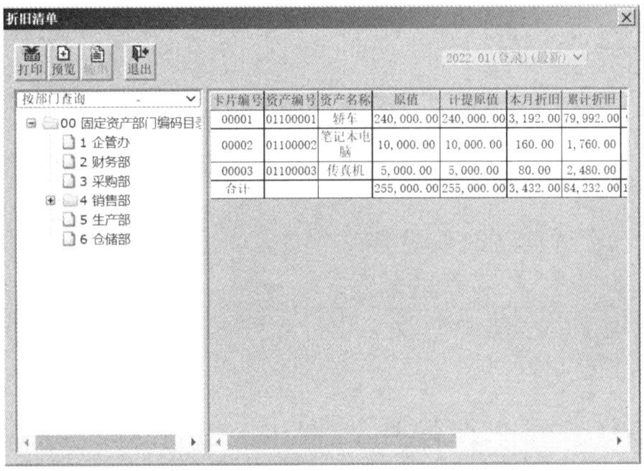

图 5-11　计提折旧——折旧清单

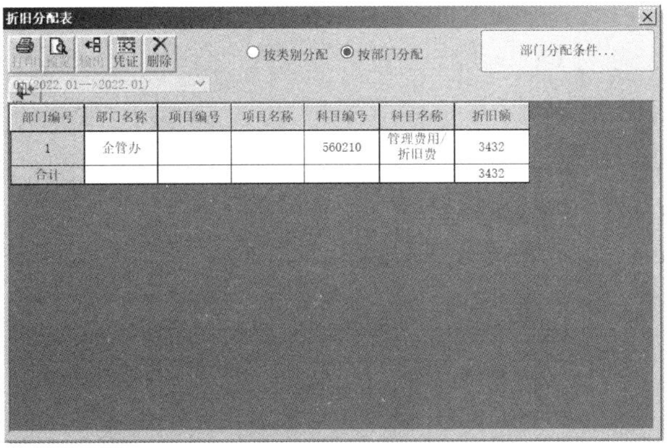

图 5-12　计提折旧——折旧分配表

（3）在"折旧分配表"窗口中，单击"凭证"按钮，生成计提折旧凭证。修改凭证类别为"转"，单击"保存"按钮，如图5-13所示。

（4）单击"退出"按钮，系统提示"计提折旧完成！"，单击"确定"按钮。

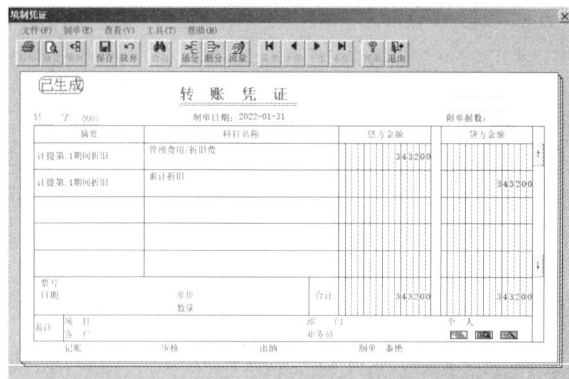

图5-13　计提折旧——生成凭证

子任务三　资产减少

任务描述

1月31日，企管办传真机毁损。

任务准备

资产减少是指固定资产在使用过程中，由于各种原因（如毁损、出售、盘亏等）退出企业，资产减少属于固定资产清理业务。T3软件中，资产减少需输入资产减少卡片并说明减少原因。

根据会计准则的规定，当月减少的资产，当月仍提折旧。所以，只有当账套开始计提折旧后才可以使用资产减少功能，否则，减少资产只能通过删除卡片来完成。

微课5-9

资产减少

任务实施

（1）执行"固定资产"→"卡片"→"资产减少"命令，打开"资产减少"窗口。在卡片编号栏单击参照按钮，打开"卡片参照"对话框，选择卡片编号"00003"，单击"确认"按钮。

（2）在"资产减少"窗口单击"增加"按钮。输入减少日期为
"2022-01-31"，选择减少方式为"毁损"，如图5-14所示。

（3）单击"确定"按钮，打开"填制凭证"窗口。

（4）修改凭证类别为"转"，单击"保存"按钮，如图5-15所示。最
后单击"退出"按钮。

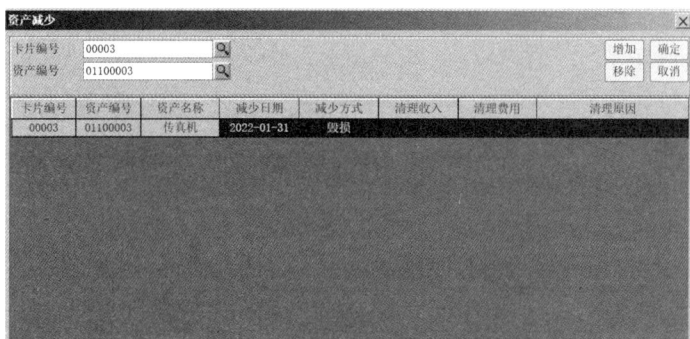

图5-14　减少固定资产——设置减少方式

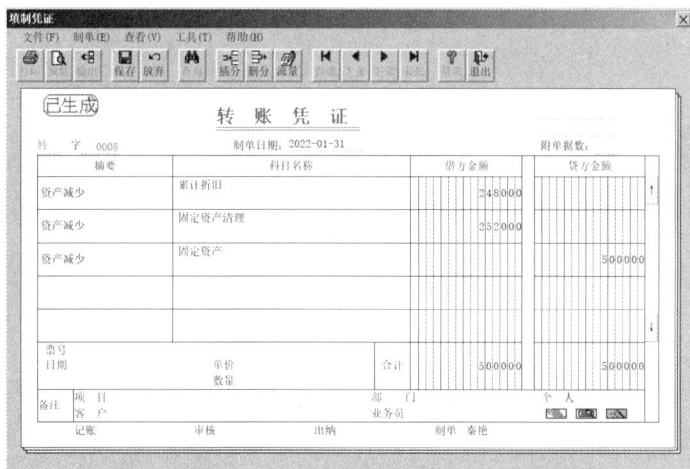

图5-15　减少固定资产——生成凭证

注意

本账套需要计提折旧后，才能进行减少资产操作。

知识拓展

固定资产清理的后续业务处理，需在总账模块直接填制记账凭证。

1. 发生清理费用

借：固定资产清理
　　贷：银行存款

2. 发生清理收入

借：银行存款
　　贷：固定资产清理

3. 发生应收款

借：其他应收款
　　贷：固定资产清理

4. 结转净损益

借：固定资产清理
　　贷：营业外收入或资产处置损益（净收益）
或
借：营业外支出或资产处置损益（净损失）
　　贷：固定资产清理

任务三　固定资产管理期末处理

任务描述

进行固定资产期末处理。

任务准备

当固定资产模块完成了本月全部制单业务后，可以进行月末结账。结账前，系统会将固定资产模块与总账模块中的固定资产余额和累计折旧余额自动对账一次，并给出对账结果。

月末结账每月进行一次，结账后当期数据不能修改。如果有错必须修改，可通过系统提供的"恢复月末结账前状态"功能反结账，再进行相应修改。

由于成本系统每月从固定资产模块提取折旧费数据，因此，一旦成本系统提取了某期的数据，则该期不能反结账。

微课 5-10

固定资产管理
期末处理

任务实施

（1）执行"固定资产"→"处理"→"月末结账"命令，打开"月末结账"窗口。

（2）单击"开始结账"按钮，再单击"确定"按钮，系统提示与账务对账结果信息，如图 5-16 所示。

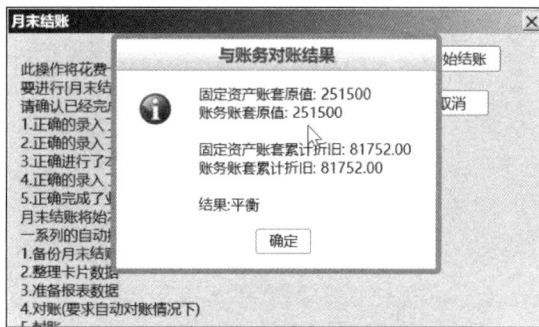

图 5-16　固定资产模块月末对账

（3）单击"确定"按钮，系统提示"月末结账成功完成！"，单击"确定"按钮。

> **注意**
>
> 　此处对账不平衡的原因是，生成的记账凭证在总账模块中没有审核和记账。将生成的记账凭证在总账模块中审核、记账后，总账模块的固定资产余额与累计折旧余额就会与固定资产模块中的余额一致。

课后实训

【实训目的】

1. 熟悉建立固定资产账套、设置资产类别、设置增减方式等操作。

2. 掌握输入固定资产原始卡片、资产增加、计提折旧、资产减少等操作。

【实训要求】

以会计杨雪（编号：103；密码：3）的身份进行固定资产业务处理。

【实训内容】扫描二维码，获取详细内容。

实训五

固定资产管理

项目六

购销存管理
初始设置

情景导入

北京华腾电子科技有限公司于 2022 年 1 月 1 日启用购销存与核算模块，进行购销存核算。

1．业务分工

账套主管丁力进行购销存初始设置工作。

2．整理基础档案

基础档案包括存货分类、存货档案、仓库档案、收发类别、采购类型、销售类型、费用项目等。

3．整理期初数据

期初数据包括采购模块期初数据、库存和存货系统期初数据、客户往来期初数据、供应商往来期初数据。

任务学习

购销存模块包括采购与应付、销售与应收、库存和核算 4 个模块。

购销存模块初始信息设置包括设置购销存基础档案、设置基础科目、输入期初数据、设置购销存参数等内容。

任务一　设置购销存基础档案

子任务一　设置存货分类

任务描述

设置存货分类，存货分类如表 6-1 所示。

表 6-1　存货分类

存货类别编码	存货类别名称
01	原材料
0101	光盘类
0102	复印纸类

续表

存货类别编码	存货类别名称
02	产成品
0201	杀毒软件类
0202	多媒体课件类
0203	普及读物类
03	其他

任务准备

如果企业存货较多，则需要按照一定的方式进行分类管理。

任务实施

微课 6-1

设置存货分类

（1）以账套主管丁力的身份登录信息门户，输入或选择如下信息：操作员"101"，密码"1"，账套"［001］华腾科技"，会计年度"2022"，操作日期"2022-01-01"。

（2）执行"基础设置"→"存货"→"存货分类"命令，打开"存货分类"对话框。单击"增加"按钮，输入类别编码"01"，类别名称"原材料"，然后单击"保存"按钮。

同理，增加其他存货分类信息。最终结果如图 6-1 所示。

图 6-1 设置存货分类

子任务二　设置存货档案

任务描述

设置存货档案，存货档案如表 6-2 所示。

表 6-2　存货档案

存货编号	存货名称	计量单位	所属分类码	税率	存货属性	参考成本	启用日期
1001	光盘	张	0101	13%	外购，生产耗用	2	2021-1-1
1002	复印纸	包	0102	13%	外购，生产耗用	15	2021-1-1
2001	杀毒软件	套	0201	13%	外购，销售	150	2021-1-1
2002	UU 移动课堂	套	0202	13%	外购，自制，销售	80	2021-1-1
2003	常用软件工具使用导航	册	0203	13%	外购，自制，销售	38	2021-1-1
3001	运费	元	0301	9%	外购，劳务，费用	0	2021-1-1

任务准备

企业若有采购、销售和生产业务核算，必须设置存货档案，以便在填制业务单据时能够参照选择。存货档案设置主要设置存货的基本信息，包括存货代码、存货名称、规格型号、计量单位等。在"存货档案卡片"窗口中有四个选项卡：基本、成本、信用和其他。

微课 6-2

设置存货档案

任务实施

（1）执行"基础设置"→"存货"→"存货档案"命令，打开"存货档案"窗口。

（2）选中"0101 光盘类"，单击"增加"按钮，打开"存货档案卡片"窗口，按表 6-2 输入存货档案的基本信息，最终得到的基本信息如图 6-2 所示，成本信息如图 6-3 所示。

（3）单击"保存"按钮。

同理，增加其他存货档案信息。

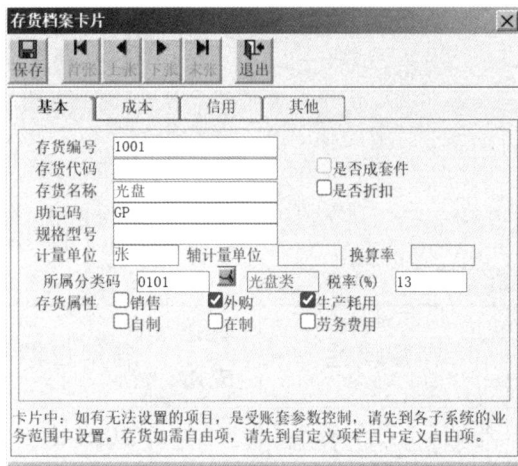

图 6-2　设置存货档案——基本信息

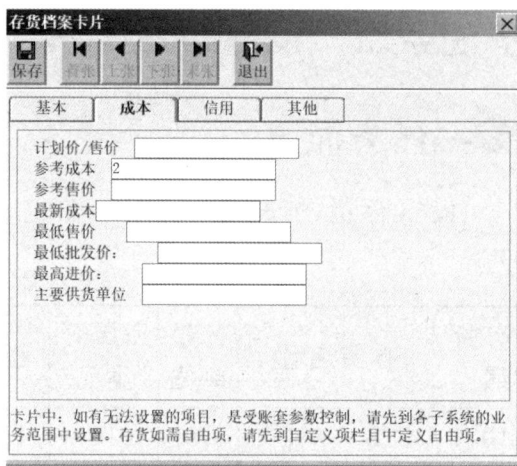

图 6-3　设置存货档案——成本信息

子任务三　设置仓库档案

任务描述

设置仓库档案，仓库档案如表 6-3 所示。

表 6-3　仓库档案

仓库编码	仓库名称	所属部门	负责人	计价方式
1	材料库	采购部	曾楠	移动平均法
2	产品一库	销售一部	侯勇	移动平均法
3	产品二库	销售二部	张茜	移动平均法

任务准备

存货一般是存放在仓库中保管的。对存货进行核算管理，就必须建立仓库档案。仓库档案主要设置仓库编码、仓库名称、计价方式等信息。

任务实施

（1）执行"基础设置"→"购销存"→"仓库档案"命令，打开"仓库档案"窗口。

（2）在"仓库档案"窗口中，单击"增加"按钮，打开

微课 6-3

设置仓库档案

"仓库档案卡片"窗口。

（3）输入仓库编码"1"，仓库名称"材料库"，所属部门"采购部"，负责人"曾楠"，计价方式"移动平均法"，如图 6-4 所示。单击"保存"按钮。

同理，增加其他仓库档案。

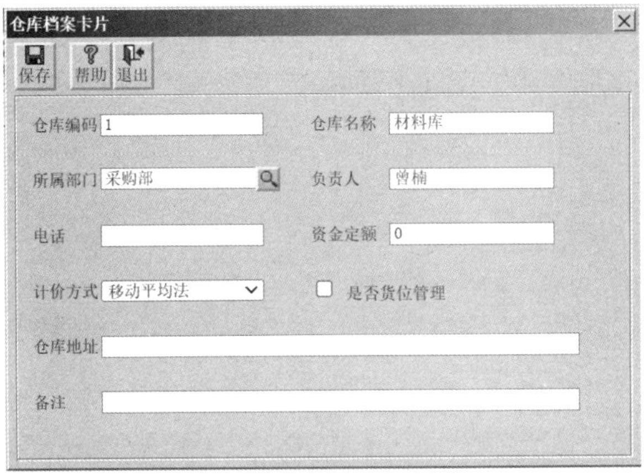

图 6-4 设置仓库档案

子任务四　设置收发类别

任务描述

设置收发类别，收发类别如表 6-4 所示。

表 6-4　收发类别

收发类别编码	收发类别名称	收发标志
1	入库类别	收
11	采购入库	收
2	出库类别	发
21	销售出库	发

任务准备

收发类别用来表示存货的出入库类型，便于对存货的出入库情况进行分类汇总统计。

任务实施

（1）执行"基础设置"→"购销存"→"收发类别"命令，打开"收发类别"窗口。

（2）单击"增加"按钮，根据需要设置收发类别。任务要求设置的收发类别，系统已经预置好，此处查看即可，如图 6-5 所示。

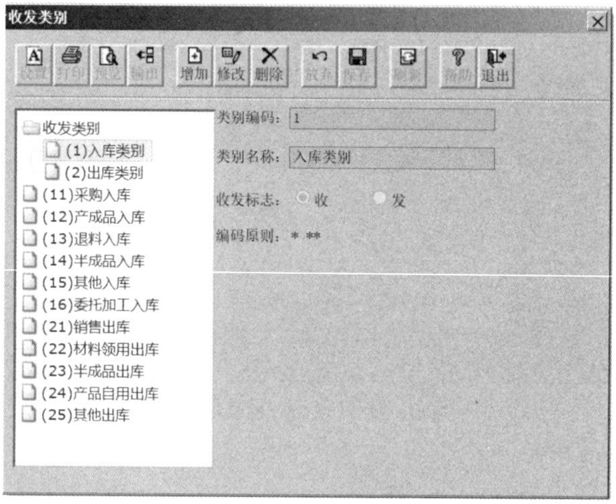

图 6-5　设置收发类别

子任务五　设置采购类型和销售类型

任务描述

设置采购类型，采购类型如表 6-5 所示。

表 6-5　采购类型

采购类型编码	采购类型名称	入库类别	是否默认值
00	普通采购	采购入库	是

设置销售类型，销售类型如表 6-6 所示。

表 6-6　销售类型

销售类型编码	销售类型名称	出库类别	是否默认值
00	普通销售	销售出库	是

任务准备

设置采购类型，能够按采购类型对采购业务数据进行统计和分析。采购类型不分级次，根据实际需要设立。

设置销售类型，能够按销售类型对销售业务数据进行统计和分析。销售类型不分级次，根据实际需要设立。

任务实施

（1）执行“基础设置”→“购销存”→“采购类型”命令，打开“采购类型”窗口。

（2）单击“增加”按钮，根据需要设置采购类型。任务中要求的采购类型，系统中已经预置好，如图 6-6 所示。

采用同样的步骤设置销售类型。

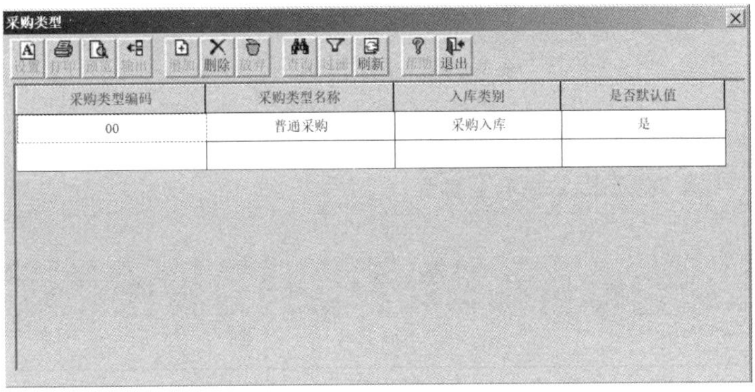
采购类型
删除
刷新
退出
采购类型编码
采购类型名称
入库类别
是否默认值
00
普通采购
采购入库
是

图 6-6　设置采购类型

子任务六　设置费用项目

任务描述

设置费用项目：费用项目编号“01”，费用项目名称“代垫运费”。

任务准备

销售过程中有很多不同的费用发生，如代垫费用、销售支出等，在系统中将其设为费用项目，以方便记录和统计。

📖 任务实施

（1）执行"基础设置"→"购销存"→"费用项目"命令，打开"费用项目"窗口。

（2）单击"增加"按钮，根据任务要求设置费用项目，如图 6-7 所示。单击"退出"按钮。

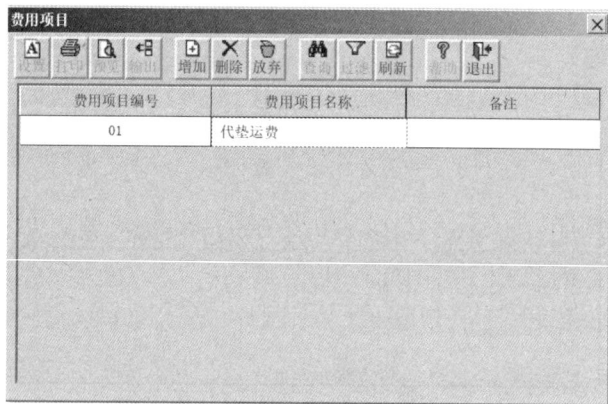

图 6-7　设置费用项目

任务二　设置基础科目

子任务一　设置存货科目和存货对方科目

📖 任务描述

按仓库设置存货科目，如表 6-7 所示。

表 6-7　按仓库设置存货科目

仓库编码	仓库名称	存货分类	存货科目
1	材料库	0101	光盘（140301）
1	材料库	0102	复印纸（140302）
2	产品一库	0201	杀毒软件（140501）
2	产品一库	0202	UU 移动课堂（140502）

按收发类别设置存货对方科目，如表 6-8 所示。

表 6-8 按收发类别设置存货对方科目

收发类别	对方科目
采购入库	在途物资（1402）
产成品入库	生产成本——直接材料（400101）
销售出库	主营业务成本（5401）
材料领用出库	生产成本——直接材料（400101）

任务准备

设置存货科目是设置生成凭证所需要的各种存货科目和差异科目。存货科目既可以按仓库也可以按存货分类分别进行设置。设置存货科目是为自动生成凭证做科目准备。

设置详细的存货科目和存货对方科目，就可以保证各类出入库业务都能够自动生成记账凭证。

微课 6-4

设置存货科目

任务实施

（1）执行"核算"→"科目设置"→"存货科目"命令，打开"存货科目"窗口。

（2）单击"增加"按钮，根据任务要求，输入存货科目，如图 6-8 所示。单击"保存"按钮，然后单击"退出"按钮。

仓库名称	存货分类编码	存货分类名称	存货科目编码	存货
库	0101	光盘类	140301	光盘
库	0102	复印纸类	140302	复印纸
库	0201	杀毒软件类	140501	杀毒软件
库	0202	多媒体课件类	140502	UU移动课堂

图 6-8 设置存货科目

（3）执行"核算"→"科目设置"→"存货对方科目"命令，打开"对方科目设置"窗口。

（4）单击“增加”按钮，根据任务要求，按收发类别设置存货对方科目，如图 6-9 所示。单击“退出”按钮。

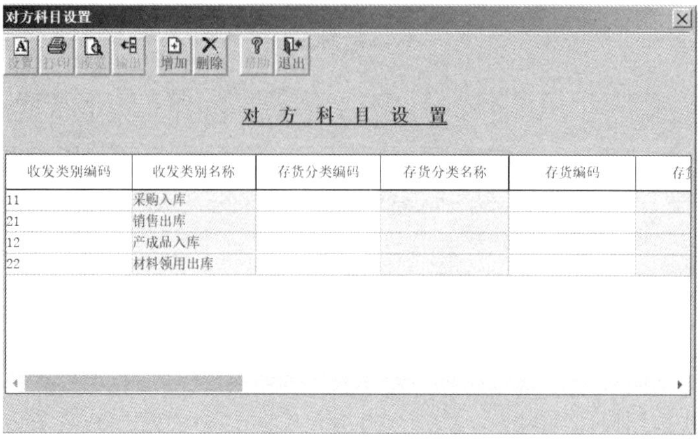

图 6-9　按收发类别设置存货对方科目

微课 6-5

设置存货对方科目

子任务二　设置客户往来科目和供应商往来科目

任务描述

（1）设置如下客户往来科目。

基本科目设置：应收科目 1122，销售收入科目 5001，应交增值税科目 22210106，预收科目 2203，现金折扣科目 560303。

结算方式科目设置：现金结算 1001，转账支票 100201，银行汇票 100201，银行承兑汇票 100201。（所有结算方式币种均为人民币）

（2）设置如下供应商往来科目。

基本科目设置：应付科目 2202，采购科目 1402，采购税金科目 22210101，预付科目 1123，现金折扣科目 560303。

结算方式科目设置：现金结算 1001，转账支票 100201，银行汇票 100201，银行承兑汇票 100201。（所有结算方式币种均为人民币）

任务准备

1. 基本科目设置

基本科目是指在核算应收款项时经常用到的科目，可以作为常用科目设置，而且科目必须是末级科目。

（1）应收账款和预收账款科目。

应收账款和预收账款科目是常用的核算本位币赊销欠款和预收款的科目，可作为销售与应收模块基本科目进行设置。

（2）销售收入科目、应交税费（应交增值税——销项税额）科目、销售退回科目。

销售收入科目、应交税费（应交增值税——销项税额）科目、销售退回科目是常用的核算销售业务的科目，可以作为核算销售收入、应交税费（应交增值税——销项税额）和销售退回的基本科目，在销售与应收模块中进行设置。

（3）其他基本科目。

除上述基本科目外，银行承兑科目、商业承兑科目、现金折扣科目、票据利息科目、票据费用科目、汇兑损益科目、币种兑换差异科目和坏账准备科目等都可以作为企业核算某类业务的基本科目。

2．控制科目设置

在核算客户的赊销欠款时，可针对不同的客户（客户分类、地区分类）分别设置不同的应收账款科目和预收账款科目。

3．产品科目设置

可以针对不同的存货（存货分类）分别设置不同的销售收入科目、应交税费（应交增值税——销项税额）科目和销售退回科目。

4．结算方式科目设置

不仅可以设置常用的科目，还可以为每种结算方式设置一个默认的科目，以便在应收账款核销时，直接按不同的结算方式生成相应的账务处理中所对应的会计科目。

微课 6-6

任务实施

（1）执行"核算"→"科目设置"→"客户往来科目"命令，打开"客户往来科目设置"窗口。

设置客户往来科目

（2）单击"基本科目设置"，按任务要求设置基本科目，如图 6-10 所示。

图 6-10 设置客户往来科目——基本科目设置

（3）单击"结算方式科目设置"，按任务要求设置结算方式科目，如图 6-11 所示。单击"退出"按钮。

用同样的方式设置供应商往来科目。

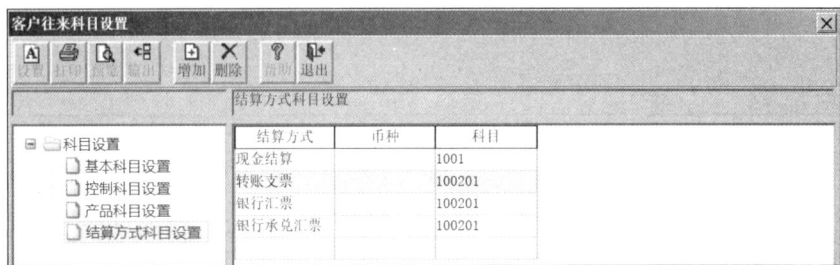

图 6-11 设置客户往来科目——结算方式科目设置

任务三 输入购销存期初数据

子任务一 输入采购期初数据

任务描述

1. 输入期初采购入库单

2021 年 12 月 24 日，采购部收到新华印刷厂提供的复印纸 100 包，暂估单价 15 元，商品已验收入材料库，至今尚未收到发票。

2. 采购期初记账

完成采购期初记账。

任务准备

采购模块有可能存在两类期初数据：一类是货到票未到即暂估入库业务，对于这类业务应调用期初采购入库单录入；另一类是票到货未到即在途业务，对于这类业务应调用期初采购发票功能录入。

无论是否有采购期初数据，都要执行期初记账，否则不能进行采购日常业务操作。

微课 6-7

输入采购期初数据

任务实施

1. 输入期初采购入库单

（1）执行"采购"→"采购入库单"命令，打开"采购入库单"窗口。

（2）单击"增加"按钮旁的下拉按钮，选择"采购入库单"命令。输入或选择入库日期"2021-12-24"、仓库"材料库"、供货单位"新华"。

（3）输入或选择存货编码"1002"、数量"100"、单价"15"。

（4）单击"保存"按钮，如图 6-12 所示。

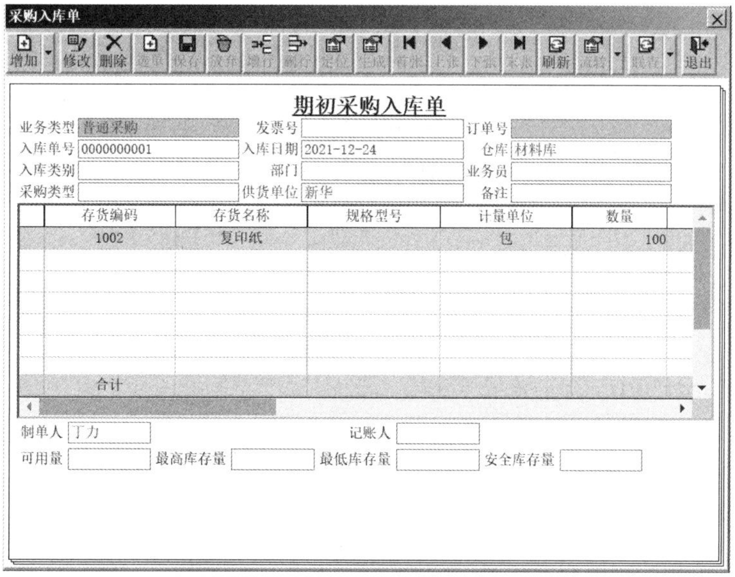

图 6-12　输入期初采购入库单

2. 采购期初记账

执行"采购"→"期初记账"命令,打开"期初记账"对话框,如图 6-13 所示。单击"记账"按钮,进行期初记账。

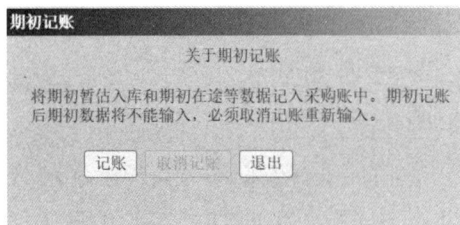

期初记账

关于期初记账

将期初暂估入库和期初在途等数据记入采购账中,期初记账后期初数据将不能输入,必须取消记账重新输入。

[记账] [取消记账] [退出]

图 6-13　期初记账

注意

◆ 采购与应付模块如果不执行期初记账,则无法开始采购日常业务处理,因此,如果没有期初数据,也要执行期初记账。

◆ 采购与应付模块如果不执行期初记账,库存模块和核算模块不能记账。

◆ 采购与应付模块也可以取消期初记账。

子任务二　输入库存/存货期初数据

任务描述

输入库存/存货期初数据,库存/存货期初数据如表 6-9 所示。

表 6-9　库存/存货期初数据

仓库名称	存货编码	存货名称	数量	单价
材料库	1001	光盘	2 200 张	2 元/张
材料库	1002	复印纸	460 包	15 元/包
产品一库	2001	杀毒软件	71 套	150 元/套
产品一库	2002	UU 移动课堂	98 套	80 元/套
产品二库	2003	常用软件工具使用导航	226 册	38 元/册

任务准备

在正式进行购销存业务处理之前，必须输入各仓库存货期初数据。各个仓库存货的期初数据包括各种存货的期初数量和单价等。

存货期初数据既可以在库存模块中输入，也可以在核算模块中输入，只要在其中一个模块输入，另一个模块自动获得存货期初数据。

库存/存货模块需要对所有仓库的期初数据进行记账，即使没有存货期初数据也要记账。

微课 6-8

设置库存期初数据

任务实施

（1）执行"库存"→"期初数据"→"库存期初"命令，打开"期初余额"窗口。

（2）选择仓库为"材料库"，单击"增加"按钮，根据任务要求输入材料库期初存货数据，然后单击"保存"按钮，如图 6-14 所示。

期 初 余 额

仓库：材料库　计价方式：移动平均法

存货编码	存货代码	存货名称	规格型号	计量单位	数量	单价
1001		光盘		张	2200.00	2.00
1002		复印纸		包	460.00	15.00
合计					2660.00	

图 6-14　输入材料库期初存货数据

（3）同理，输入"产品一库"期初存货数据并保存，如图 6-15 所示。同理，完成"产品二库"期初存货数据输入并保存。

期 初 余 额

仓库：产品一库　计价方式：移动平均法

存货编码	存货代码	存货名称	规格型号	计量单位	数量	单价
2001		杀毒软件		套	71	150
2002		UU移动课堂		套	98	80
合计					169.00	

图 6-15　输入产品一库期初存货数据

（4）单击"记账"按钮，系统对所有仓库进行记账。系统提示"期初记账成功！"，如图6-16所示。

（5）单击"确定"按钮。执行"核算"→"期初数据"→"期初余额"命令，可查看材料库和成品库期初存货余额数据。

图6-16　期初记账成功

> **注意**
>
> ◆ 各个仓库存货的期初余额既可以在库存模块中输入，也可以在核算模块中输入。只要在其中一个模块输入，另一个模块会自动获得期初存货数据。这里在库存模块中录入。
>
> ◆ 期初记账是针对所有仓库进行的。因此，在进行期初记账前，必须确认各个仓库的所有期初数据全部输入完毕并且正确无误，然后再进行期初记账。

子任务三　输入客户往来期初余额和供应商往来期初余额

任务描述

（1）应收账款科目的期初余额为157 600元，以销售专用发票形式输入，具体信息见表6-10。

表6-10　客户往来期初余额

开票日期	发票号	客户	销售部门	科目	货物代码	数量	单价
2021-10-25	B000123	北华管理软件学院	销售一部	1122	2002	996	100
2021-11-10	B000456	北京图书大厦	销售二部	1122	2003	1 450	40

（2）应付账款科目的期初余额为276 850元，以采购专用发票形式输入，具体信息见表6-11。

表6-11　供应商往来期初余额

日期	发票号	供应商	部门名称	科目	货物代码	数量	单价
2021-10-25	A000200	众诚	采购部	2202	2001	1 582	175

任务准备

客户往来期初余额，是指企业已形成的应收款项到目前为止尚未收到的余额。

供应商往来期初余额，是指企业已形成的应付款项到目前为止尚未支付的余额。供应商往来期初余额的输入方式与客户往来期初余额的输入方式类似。

任务实施

（1）执行"销售"→"客户往来"→"客户往来期初"命令，打开"期初余额-查询"对话框。

（2）单击"确定"按钮，打开"期初余额"窗口。单击"增加"按钮，打开"单据类别"对话框，默认单据名称为"销售发票"，单据类型为"专用发票"。单击"确定"按钮，打开"期初录入"窗口。根据任务要求输入发票信息，如图 6-17 所示。

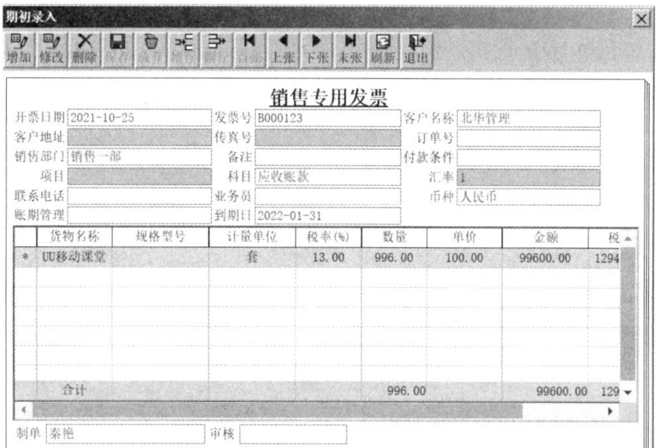

图 6-17 输入期初销售专用发票——应收账款（1）

微课 6-9

输入客户往来期初余额和供应商往来期初余额

（3）单击"保存"按钮。同理，输入另一张期初销售专用发票，如图 6-18 所示。单击"保存"按钮，再单击"退出"按钮，返回"期初余额"窗口，显示发票列表，如图 6-19 所示，单击"退出"按钮。

（4）执行"采购"→"供应商往来"→"供应商往来期初"命令，打开"期初余额-查询"对话框。单击"确定"按钮，打开"期初余额"窗口。

图 6-18　输入期初销售专用发票——应收账款（2）

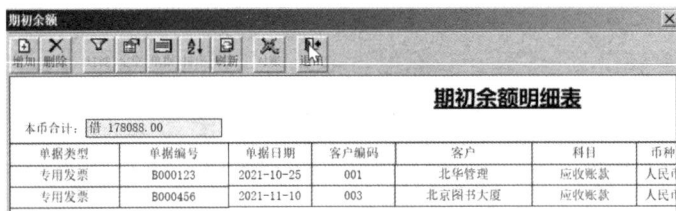

图 6-19　显示发票列表

（5）单击"增加"按钮，打开"单据类别"对话框，默认单据名称为"采购发票"，单据类型为"专用发票"。单击"确定"按钮，打开"期初录入"窗口。根据任务要求输入发票信息，如图 6-20 所示。单击"保存"按钮，再单击"退出"按钮，返回"期初余额"窗口，显示发票列表，如图 6-21 所示，单击"退出"按钮。

图 6-20　输入期初采购专用发票

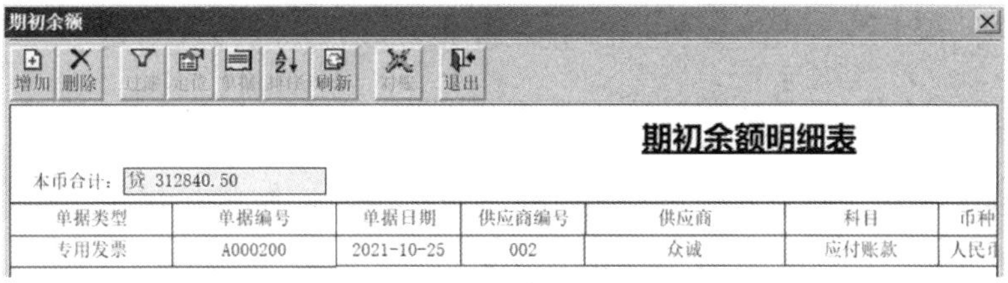

图 6-21　显示发票列表

任务四　设置购销存参数

任务描述

设置采购与应付模块、销售与应收模块参数，均显示现金折扣；设置核算模块参数，销售成本核算方式为销售出库单。

任务准备

购销存各个模块间的关系密切，各模块在使用前需进行相应的参数设置。

1. 采购与应付模块

采购业务主要控制参数包括入库单是否自动、存货使用辅计量单位等。

应付业务主要控制参数包括应付款核销方式、汇兑损益结算方式、应付确认日期依据、现金折扣是否显示等。

2. 销售与应收模块

销售业务主要控制参数包括有无外币业务、是否固定换算率、是否由销售系统生成销售出库单、销售是否必填批号、销售报价是否含税、是否有信用额度控制、是否有最低售价控制等。

应收业务主要控制参数包括应收款核销方式、汇兑损益结算方式、应收确认日期依据、现金折扣是否显示（作用同采购与应付模块类似）等。

3. 库存模块

库存业务主要控制参数包括有无组装拆卸业务、有无批次管理、有无保质期管理、有无成套件管理、存货有无辅助计量单位、是否允许零出库、是否需要最高最低库存报警、是否允许超限额领料、是否由库存系统生成销售出库单、销售出库业务是否由销售系统指定批号等。

4. 核算模块

核算业务主要控制参数包括核算方式、暂估方式、销售成本核算方式、零成本出库选择、入库成本选择、销售成本核算方式等。其中，销售成本核算方式包括销售出库单和销售发票两种模式，系统默认为销售出库单，即销售业务在结转销售成本时按销售出库单的金额来确认。

任务实施

（1）执行"采购"→"采购业务范围设置"命令，打开"采购业务范围设置"对话框，在"应付参数"选项卡中勾选"显示现金折扣"复选框，如图 6-22 所示，单击"确认"按钮。

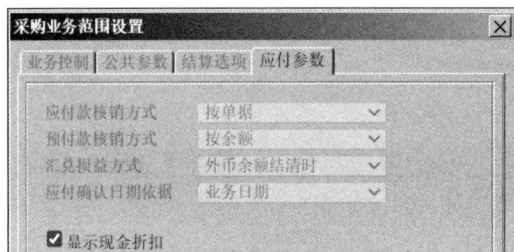

微课 6-10

设置购销存参数

图 6-22　设置采购参数

（2）执行"销售"→"销售业务范围设置"命令，打开"销售业务范围设置"对话框，在"应收核销"选项卡中勾选"显示现金折扣"复选框，如图 6-23 所示，单击"确认"按钮。

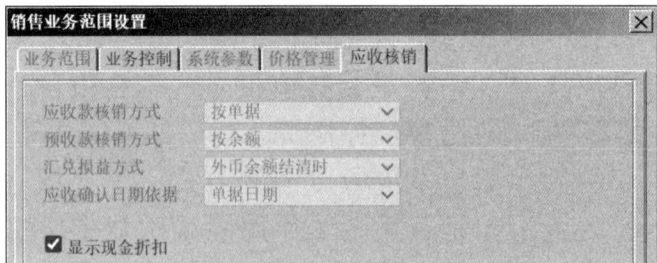

图 6-23　设置销售参数

（3）执行"核算"→"核算业务范围设置"命令，打开"核算业务范围设置"对话框，在"核算方式"选项卡中，销售成本核算方式默认为"销售出库单"，如图 6-24 所示，单击"确认"按钮。

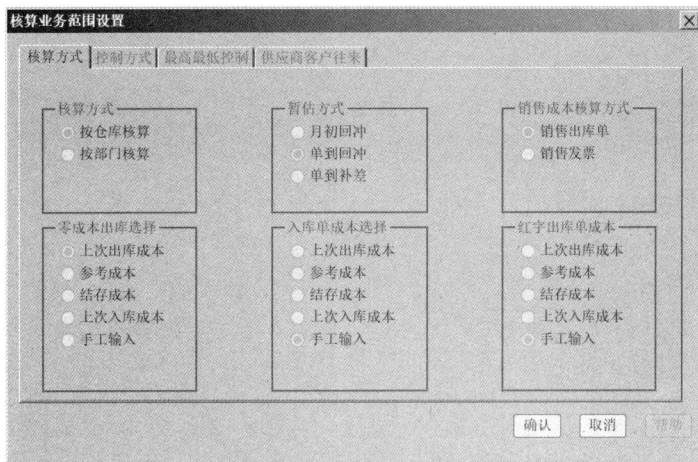

图 6-24　设置核算参数

课后实训

【实训目的】

1. 理解购销存参数设置。

2. 熟悉基础档案设置、基础科目设置等操作。

3. 掌握各类购销存期初数据输入操作。

【实训要求】

以账套主管田丰收（编号：101；密码：1）的身份进行购销存初始设置。

【实训内容】扫描二维码，获取详细内容。

实训六

购销存管理
初始设置

项目七

采购与应付管理

🔒 **学习目标**

知识目标

- 掌握普通采购业务
- 掌握采购现结业务
- 掌握采购运费业务
- 理解暂估处理业务
- 理解预付货款业务
- 了解采购期末处理

能力目标

- 会普通采购业务操作
- 会采购现结业务操作
- 会采购运费业务操作
- 会暂估处理业务操作

- 会预付货款业务操作
- 会采购期末处理操作

素养目标

- 能够独立思考、自主学习
- 树立甘当"孺子牛"、勇做"拓荒牛"、争当"老黄牛"的"三牛"精神

情景导入

北京华腾电子科技有限公司进行 2022 年 1 月的采购与应付业务核算。采购员曾楠进行采购与应付业务的相关处理。

1. 普通采购业务

（1）1 月 3 日，与众诚软件签订采购合同，预订购空白光盘 3 000 张，单价 6 元。

（2）1 月 5 日，从众诚软件采购的空白光盘验收入材料库，数量 3 000 张，单价 6 元。

（3）1 月 5 日，收到众诚软件提供的采购空白光盘的增值税专用发票一张，发票号 22307864，数量 3 000 张，单价 6 元，增值税税率 13%。

（4）1 月 6 日，支付给众诚软件转账支票一张，金额为采购空白光盘的货税款，共计 20 340 元，支票号 33902817。

2. 采购现结业务

1 月 5 日，向新华印刷厂购买复印纸 300 包，单价 15 元，增值税税额 585 元（税率 13%）。复印纸已验收入材料库。同时收到增值税专用发票一张，发票号 33901267，立即以转账支票形式（支票号 34801234、银行账号 12345）支付货款。

3. 采购运费业务

（1）1 月 9 日，从众诚软件采购的空白光盘验收入材料库，同时收到增值税专用发票一张（发票号 22789034），数量 5 000 张，单价 6 元，增值税税额 3 900 元（税率 13%），价税合计 33 900 元。款项尚未支付。

（2）1 月 9 日，收到北京圆通快递公司运费增值税专用发票一张（发票号 22789034），金额 400 元，增值税税额 36 元（税率 9%），价税合计 436 元，以现金方式支付。

（3）1月10日，以转账支票支付众诚软件货税款 33 900 元，支票号 30902167。

4．暂估处理业务

1月12日，上月从新华印刷厂采购的复印纸发票已到（发票号 39017824），数量 100 包，单价 15 元。增值税税额 195 元（税率 13%），价税合计 1 695 元。进行暂估处理。

5．预付货款业务

（1）1月15日，从众诚软件采购 6 000 张空白光盘，单价 7 元，预付采购订金 6 000 元，以转账支票支付，支票号 33072318。

（2）1月17日，从众诚软件采购的 6 000 张空白光盘验收入材料库。

（3）1月17日，收到众诚软件提供的增值税专用发票一张，发票号 28902175，数量 6 000 张，单价 7 元，金额 42 000 元，增值税税额 5 460 元（税率 13%），价税合计 47 460 元。

（4）1月18日，以转账支票支付众诚软件剩余货税款 41 460 元，支票号 78532106。

任务学习

采购业务处理主要包括订货、入库、采购发票、采购结算等采购业务全过程的管理，涉及普通采购业务、现结业务、采购退货业务等业务类型。应付业务处理可以实现企业与供货方资金的结算，结算方式具体包括预付、现付和应付等方式。应付业务处理中最重要的单据为付款单。

任务一　普通采购业务

子任务一　采购订单处理

任务描述

1月3日，与众诚软件签订采购合同，预订购空白光盘 3 000 张，单价 6 元。

任务准备

采购订单也称为采购合同，是企业与供应商之间签订的一种购销协议。

采购订单非采购业务必须填制的单据，可根据企业的管理需要选择填制。采购订单不生成记账凭证。

任务实施

以采购员曾楠的身份登录信息门户。输入或选择如下信息：操作员“104”，密码“4”，账套“[001] 华腾科技”，会计年度“2022”，操作日期“2022-01-31”。

（1）执行“采购”→“采购订单”命令，打开“采购订单”窗口。单击“增加”按钮，输入日期“2022-01-03”，选择供货单位“众诚”，输入税率（%）“13”、到期日“2022-01-31”。

（2）选择存货编码“1001”，输入数量“3000”、单价“6”。单击“保存”按钮，然后单击“审核”按钮。结果如图 7-1 所示。最后单击“退出”按钮，退出“采购订单”窗口。

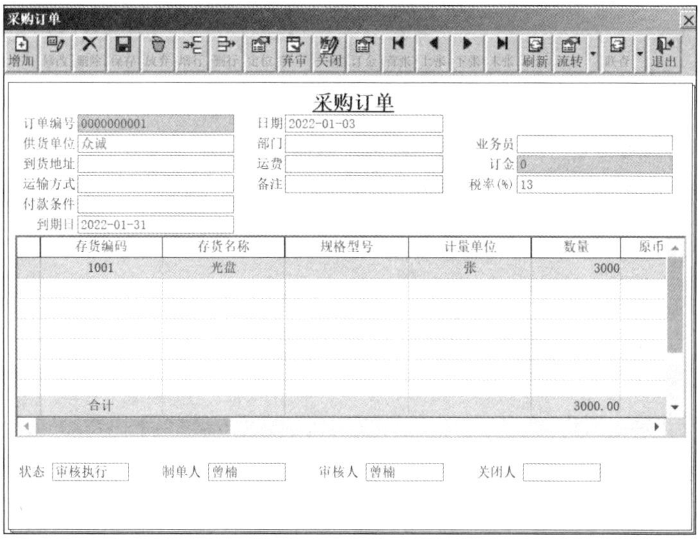

图 7-1　填制采购订单

微课 7-1

采购订单处理

子任务二　采购入库单处理

任务描述

1 月 5 日，从众诚软件采购的空白光盘验收入材料库，数量 3 000 张，单价 6 元。

任务准备

采购入库单是根据采购到货签收的实收数量填制的单据。对于工业企业，采购入库单一般指采购原材料验收入库时所填制的入库单据。采购入库单是采购模块必填的单据，并据以生成相应的记账凭证。

任务实施

特别说明： 子任务二和子任务三的工作步骤需要交叉进行。

1. 在采购模块填制采购入库单

（1）执行"采购"→"采购入库单"命令，打开"采购入库单"窗口。

（2）单击"增加"按钮旁的下拉按钮，选择"采购入库单"命令。输入或选择如下信息：入库日期"2022-01-05"，仓库"材料库"，供货单位"众诚"，部门"采购部"，入库类别"采购入库"。选择存货编码"1001"，输入数量"3000"、单价"6"。

（3）单击"保存"按钮。结果如图 7-2 所示。

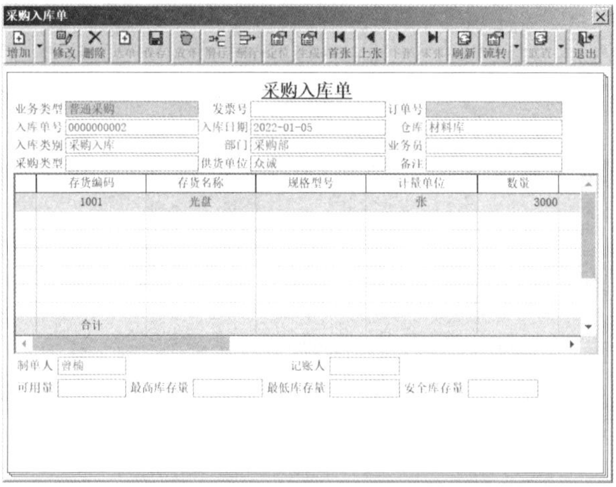

图 7-2 填制采购入库单

微课 7-2

采购入库单处理

（4）单击"退出"按钮，退出"采购入库单"窗口。

> **注意**
>
> 采购入库单的采购单价可以不输入，采购入库单记账时是以采购结算后的单价记账的。

2. 在库存模块审核采购入库单

（1）执行"库存"→"采购入库单审核"命令，打开"采购入库单审核"窗口。

（2）选择光盘的采购入库单，单击"复核"按钮，如图 7-3 所示，然后单击"退出"按钮。

图 7-3 审核采购入库单

注意

后面的步骤需要在采购发票处理完毕后进行，请进入子任务三的工作步骤。

3. 在核算模块对采购入库单记账

（1）执行"核算"→"核算"→"正常单据记账"命令，打开"正常单据记账条件"对话框。

（2）单击"确定"按钮，打开"正常单据记账"窗口，如图 7-4 所示。选择要记账的单据，单击"记账"按钮，记账完毕，单击"确定"按钮。

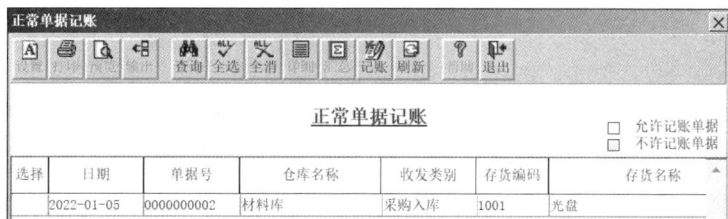

图 7-4 对采购入库单记账

4. 在核算模块对采购入库单制单

（1）执行"核算"→"凭证"→"购销单据制单"命令，打开"生成凭证"窗口。单击"选择"按钮，打开"查询条件"对话框。勾选"全选"复选框，如图7-5所示。

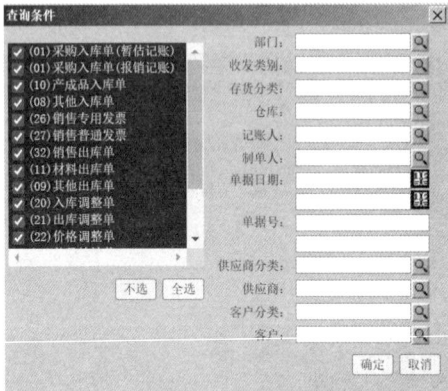

图7-5 设置查询条件

（2）单击"确定"按钮，打开"选择单据"窗口。单击"采购入库单"所在的"选择"栏，该栏出现"1"标记，如图7-6所示。

图7-6 选择采购入库单

（3）单击"确定"按钮，打开"生成凭证"窗口，选择凭证类别"转"，在最下面一行输入科目编码"1402"，按Enter键，"科目名称"列自动出现"在途物资"，如图7-7所示。

图7-7 设置凭证模板

（4）单击"生成"按钮，打开"填制凭证"窗口，修改制单日期为"2022-01-05"，检查凭证其他信息无误后，单击"保存"按钮，如图7-8所示。

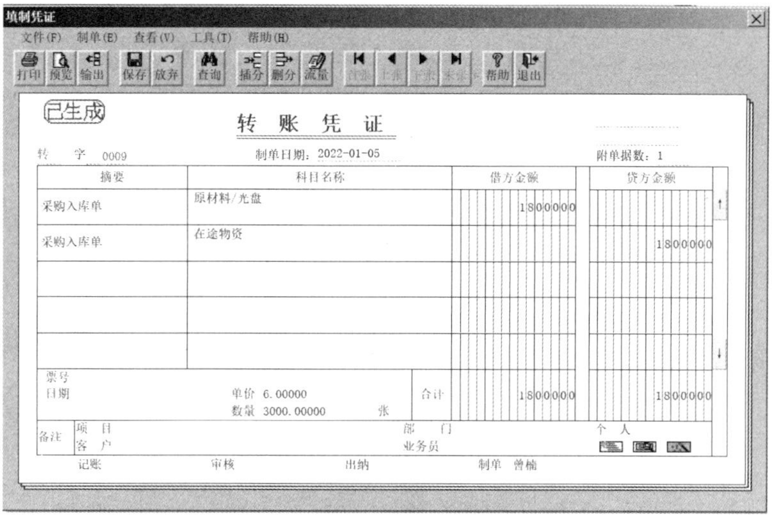

图 7-8 生成采购入库单凭证

子任务三 采购发票处理

任务描述

1 月 5 日，收到众诚软件提供的采购空白光盘的增值税专用发票一张，发票号 22307864，数量 3 000 张，单价 6 元，增值税税率 13%。

任务准备

1. 采购发票概述

采购发票是供应商开出的销售货物的凭证，即企业从供货单位取得的进项发票及发票清单。系统根据采购发票确认采购成本，并据以登记应付账款。采购发票可以现付，即直接付款。采购发票与采购入库单须进行采购结算。采购结算从单据处理上分为入库单与发票结算；蓝字入库单与红字入库单结算；蓝字发票与红字发票结算；运费发票可以与入库单结算，也可以直接与存货结算。

采购结算从操作处理上分为自动结算和手工结算两种方式。

2. 采购发票的处理流程

（1）在采购模块填制并复核采购发票。

（2）在采购模块将采购发票与采购入库单进行结算（此步骤非常重要，

决定采购入库单的记账单价）。

（3）在核算模块对采购发票制单（发票制单）。

生成的会计分录如下。

借：在途物资

应交税费——应交增值税（进项税额）

贷：应付账款

微课 7-3

采购发票处理

任务实施

1. 在采购模块填制并复核采购发票

（1）执行"采购"→"采购发票"命令，打开"采购发票"窗口。

（2）单击"增加"按钮旁的下拉按钮，选择"专用发票"。输入或选择如下信息：开票日期"2022-01-05"，发票号"22307864"，供货单位"众诚"，部门名称"采购部"，税率（%）"13"，到期日"2022-01-31"。选择存货编码"1001"，输入数量"3000"、原币单价"6"。

（3）单击"保存"按钮，再单击"复核"按钮，系统弹出询问信息，单击"确定"按钮。结果如图 7-9 所示。

图 7-9　填制并复核采购发票

2. 在采购模块将采购发票与采购入库单进行结算

（1）执行"采购"→"采购结算"→"手工结算"命令，打开"条件输入"对话框，单击"确定"按钮，打开"入库单和发票选择"窗口。

（2）在"选择"栏分别单击入库单和发票，或直接勾选左下角"全选"复选框，如图7-10所示。

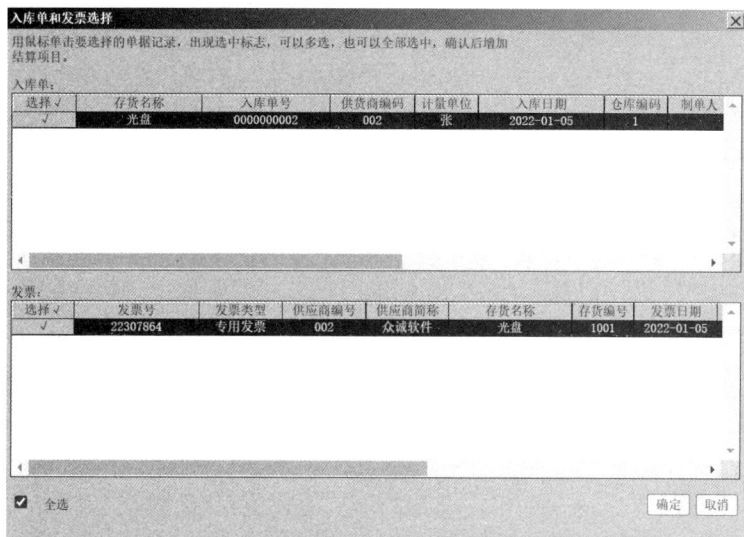

图7-10 选择入库单和发票

（3）单击"确定"按钮，显示手工结算单列表，如图7-11所示。

图7-11 显示手工结算单列表

（4）单击"结算"按钮，系统提示处理完成，单击"确定"按钮。

注意

若要取消采购结算，将相应结算单在结算单列表中删除即可。

3. 在核算模块对采购发票制单（发票制单）

（1）执行"核算"→"凭证"→"供应商往来制单"命令，打开"供应商制单查询"对话框。默认勾选"发票制单"复选框，如图7-12所示。

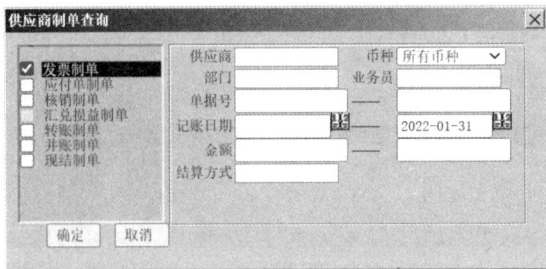

图 7-12　选择单据类型

（2）单击"确定"按钮，打开"供应商往来制单"窗口。单击"专用发票"所在的"选择标志"栏，该栏出现"1"标记。选择凭证类别"转账凭证"，制单日期"2022-01-05"，如图 7-13 所示。

图 7-13　选择采购发票

（3）单击"制单"按钮，打开"填制凭证"窗口，检查无误，单击"保存"按钮，生成采购发票凭证，如图 7-14 所示。

图 7-14　生成采购发票凭证

注意

采购发票处理完毕，请继续完成子任务二中的工作步骤。

子任务四 付款单处理

任务描述

1 月 6 日，支付给众诚软件转账支票一张，金额为采购空白光盘的货税款，共计 20 340 元，支票号 33902817。

任务准备

1. 付款单概述

企业收发当日收到供应商提供的货物和发票之后，财务部门核对发票和入库情况，若无误，则按双方约定的付款日期、付款方式和付款条件向供应商支付货款。付款结算需录入付款单据，并与应付给该供应商的货款进行核销。

采购业务的核销，是指确定付款单与采购发票、应付单之间对应关系的操作。核销的作用是处理付款，核销应付款，建立付款与应付款的核销记录。核销时需要指明每一次付款是付的哪几笔采购业务的款项。明确核销关系后，可以进行精确的账龄分析，监督应付款及时核销，加强往来款项的管理。

核销的方法分为两种，一种是手工核销，另一种是自动核销。

（1）手工核销，即人工确定系统内付款与应付款的对应关系，并进行核销。操作人员根据查询条件选择需要核销的单据，然后手工核销，加强了往来款项核销的灵活性。

（2）自动核销，即由系统自动确定系统内付款与应付款的对应关系并进行核销。

2. 付款单的处理流程

（1）在采购模块填制付款单并与对应发票进行核销。

（2）在核算模块对付款单制单（核销制单）。

生成的会计分录如下。

借：应付账款

　　贷：银行存款

微课 7-4

付款单处理

任务实施

1. 在采购模块填制付款单并与对应发票进行核销

（1）执行"采购"→"供应商往来"→"付款结算"命令，打开"单据结算"窗口。选择供应商"002 众诚软件"。

（2）单击"增加"按钮，输入或选择如下信息：日期"2022-01-06"，结算方式"转账支票"，金额"20340"，票据号"33902817"。单击"保存"按钮，如图 7-15 所示。

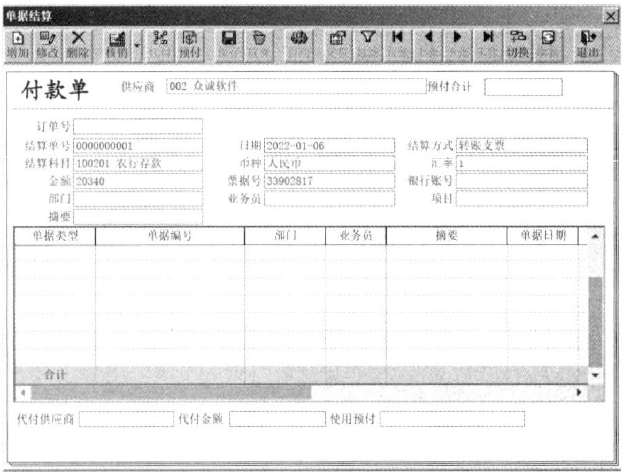

图 7-15　填制付款单

（3）单击"核销"按钮旁的下拉按钮，选择"同币核销"命令。对单据日期为"2022-01-05"的单据进行核销。输入本次结算金额"20340"，如图 7-16 所示。单击"保存"按钮，再单击"退出"按钮退出。

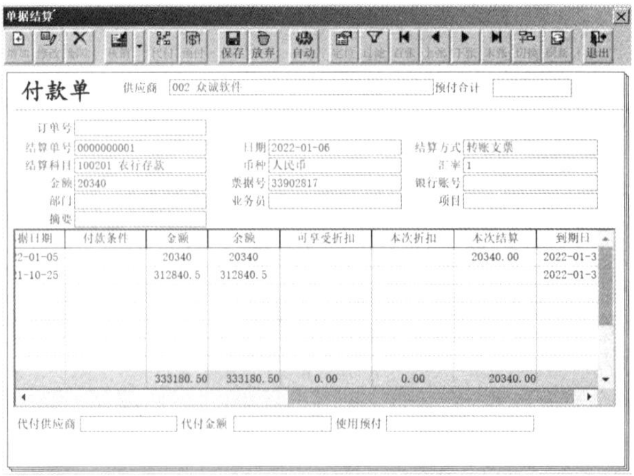

图 7-16　核销付款单

2．在核算模块对付款单制单（核销制单）

（1）执行"核算"→"凭证"→"供应商往来制单"命令，打开"供应商制单查询"对话框。勾选"核销制单"复选框，如图 7-17 所示。单击"确定"按钮，打开"供应商往来制单"窗口。单击要制单的付款单，修改凭证类别为"付款凭证"，制单日期为"2022-01-06"；单击单据所在的"选择标志"栏，该栏出现"1"标记，如图 7-18 所示。

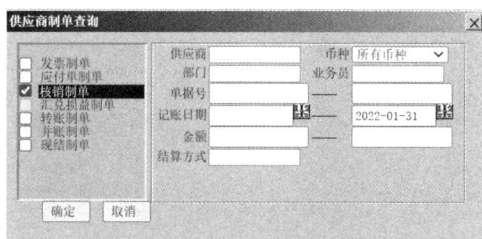

图 7-17　选择制单方式

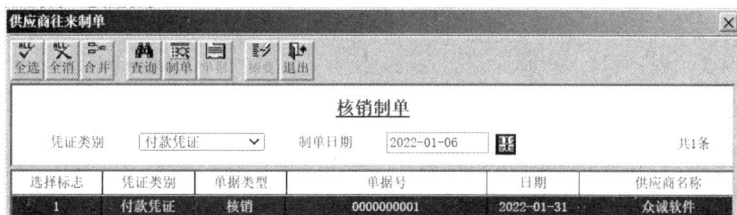

图 7-18　选择付款单

（2）单击"制单"按钮，生成付款单凭证，如图 7-19 所示。检查凭证无误后，单击"保存"按钮，再单击"退出"按钮。

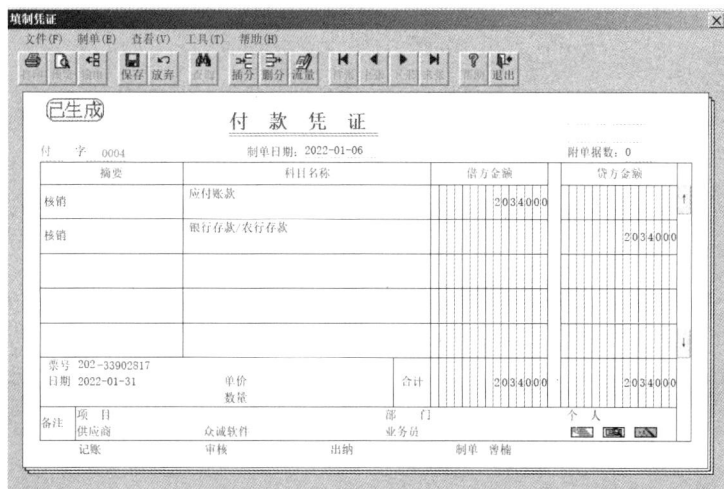

图 7-19　生成付款单凭证

任务二 采购现结业务

任务描述

1月5日，向新华印刷厂购买复印纸300包，单价15元，增值税税额585元（税率13%），复印纸已验收入材料库。同时收到增值税专用发票一张，发票号33901267，立即以转账支票形式（支票号34801234、银行账号12345）支付货款。

任务准备

说明

其他采购业务类型都是以普通采购业务的三张主要单据（采购入库单、采购发票、付款单）为基础的，所以：①由于采购订单为非必填单据，不生成记账凭证，所以其他采购业务中不再涉及采购订单；②其他采购业务中涉及三张主要单据操作的，不再详述；③其他采购业务工作步骤不再按单据拆分成子任务。

1. 采购现结业务概述

现结业务在采购模块中也叫现付业务，是指采购业务发生时企业直接付款并由供货单位开具发票的业务。现付业务与普通采购业务的区别在于对发票的处理不同。由前文可以看出，在应付模块中对发票的默认处理方式是看作未付款，在发票复核后会登记应付账款明细账，并生成确认采购成本、进项税额和应付账款的凭证并传递到总账系统。所以，产生现付业务后需要进行一些特殊处理。

（1）现付处理。

进行现付处理，即在采购模块中录入发票后直接选择现付处理。但一定要注意现付处理的时机是在录入发票之后、审核发票之前。现付处理后，一般系统会自动出现付款单供用户填写。当然，现付业务不会形成应付账款，也就不必进行核销操作。

（2）现结制单。

在核算模块中，对现结发票制单，凭证的贷方不再是应付账款，而是银行存款。

除以上两点外，现付业务与普通采购业务类似，这里不赘述。

2. 采购现结业务的处理流程

（1）采购入库单的处理流程如下。

① 在采购模块填制采购入库单。

② 在库存模块审核采购入库单。

③ 在核算模块对采购入库单记账（必须在采购入库单和采购发票结算后）。

④ 在核算模块对采购入库单制单。

生成的会计分录如下。

借：原材料

　　贷：在途物资

（2）采购发票的处理流程如下。

① 在采购模块填制、现付、复核采购发票。

② 在采购模块将采购发票与采购入库单进行结算（此步骤非常重要，决定采购入库单的记账单价）。

③ 在核算模块对采购发票制单（现结制单）。

生成的会计分录如下。

借：在途物资

　　应交税费——应交增值税（进项税额）

　　贷：银行存款

微课 7-5

采购现结业务

任务实施

1. 在采购模块填制采购入库单

执行"采购"→"采购入库单"命令，打开"采购入库单"窗口。单击"增加"按钮旁的下拉按钮，选择"采购入库单"命令，填制采购入库单，然后单击"保存"按钮，如图 7-20 所示。

2. 在库存模块审核采购入库单

执行"库存"→"采购入库单审核"命令，打开"采购入库单审核"窗口。单击"复核"按钮，然后单击"退出"按钮。

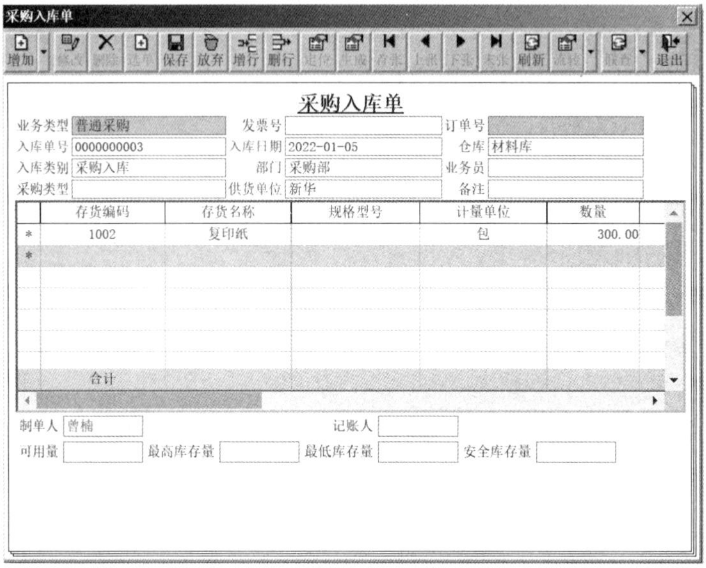

图 7-20　填制采购入库单

3. 在采购模块填制、现付、复核采购发票

（1）执行"采购"→"采购发票"命令，打开"采购发票"窗口。单击"增加"按钮旁的下拉按钮，选择"专用发票"命令，填制采购专用发票，如图 7-21 所示，单击"保存"按钮。

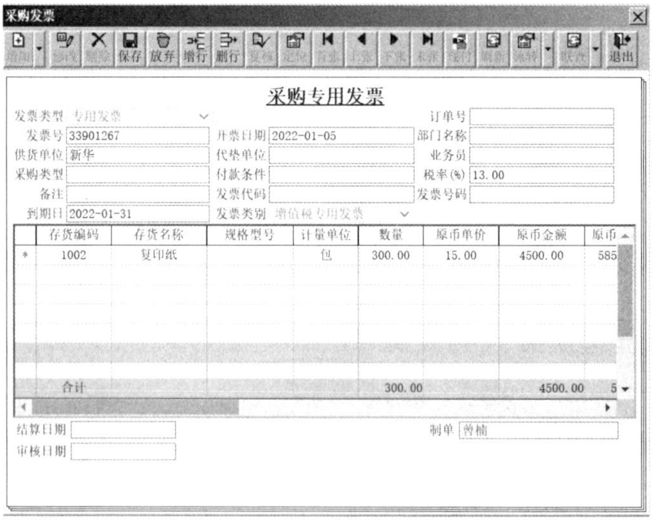

图 7-21　填制采购专用发票

（2）单击"现付"按钮，打开"采购现付"对话框。选择结算方式为"转账支票"，输入结算金额"5085"、票据号"34801234"、银行账号"12345"，如图 7-22 所示，单击"确定"按钮后系统弹出提示信息，单击"确定"按钮。

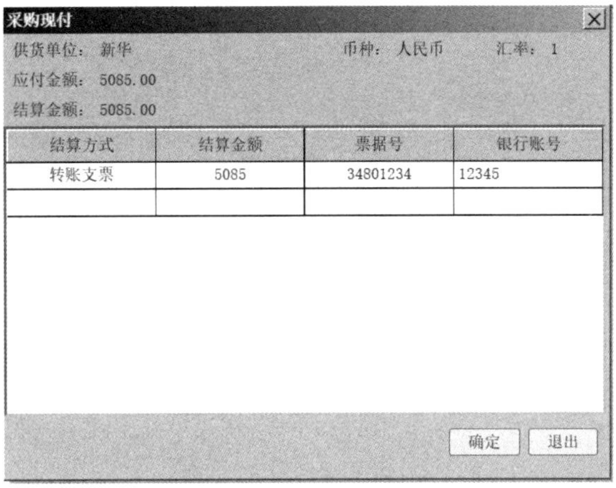

图 7-22　采购现付

（3）返回"采购发票"窗口，单击"复核"按钮，审核该专用发票。

4.　在采购模块将采购发票与采购入库单进行结算

执行"采购"→"采购结算"→"手工结算"命令，打开"条件输入"对话框，单击"确定"按钮。打开"入库单和发票选择"对话框，将采购发票与相应的采购入库单进行结算，单击"确定"按钮，打开"手工结算"窗口，如图 7-23 所示。单击"结算"按钮完成结算。

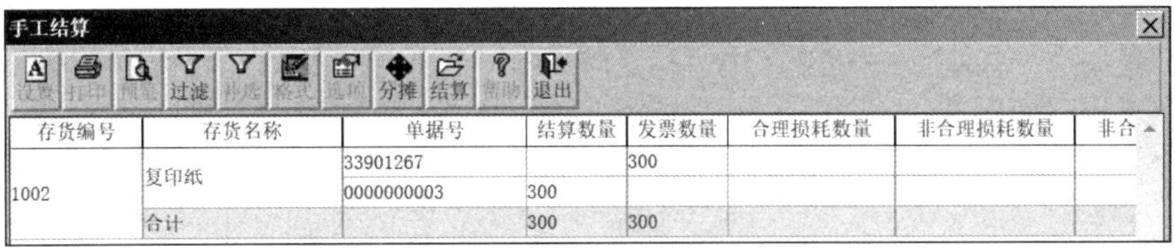

图 7-23　显示结算单

5.　在核算模块对采购发票制单（现结制单）

执行"核算"→"凭证"→"供应商往来制单"命令，打开"供应商制单查询"对话框。勾选"现结制单"复选框，单击"确定"按钮。在打开的"供应商往来制单"窗口中，凭证类别选择"付款凭证"，日期改为"2022-01-05"，选择要制单的单据行后单击"制单"按钮，生成采购发票凭证，如图 7-24 所示。

6.　在核算模块对采购入库单记账

执行"核算"→"核算"→"正常单据记账"命令，对该采购入库单记账，如图 7-25 所示。

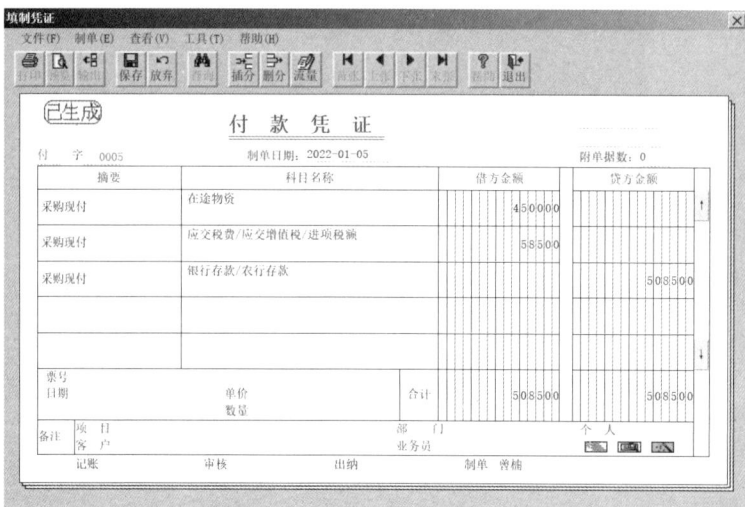

图 7-24　生成采购发票凭证

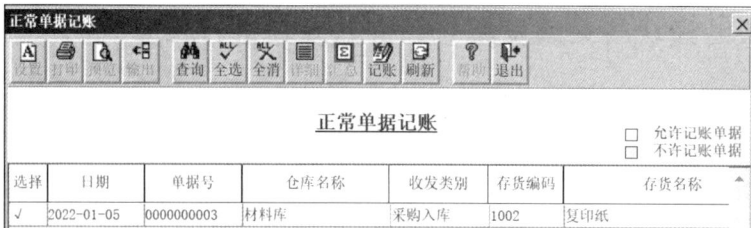

图 7-25　对采购入库单记账

7. 在核算模块对采购入库单制单

执行"核算"→"凭证"→"购销单据制单"命令，生成采购入库单凭证，如图 7-26 所示。

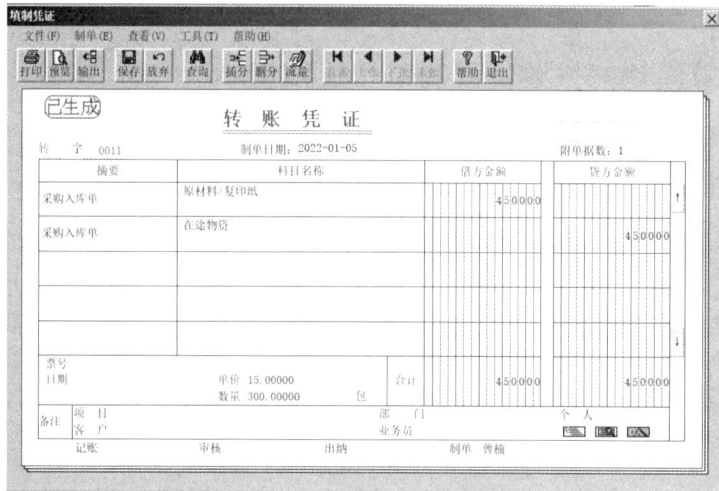

图 7-26　生成采购入库单凭证

任务三 采购运费业务

任务描述

（1）1月9日，从众诚软件采购的空白光盘验收入材料库，同时收到增值税专用发票一张（发票号22789034），数量5 000张，单价6元，增值税税额3 900元（税率13%），价税合计33 900元。款项尚未支付。

（2）1月9日，收到北京圆通快递公司运费增值税专用发票一张（发票号22788036），金额400元，增值税税额36元（税率9%），价税合计436元，以现金支付。

（3）1月10日，以转账支票支付众诚软件货税款33 900元，支票号30902167。

任务准备

1. 采购运费业务概述

采购运费业务在普通采购业务的三张基本单据的基础上增加了一张运费发票，在采购结算上与普通采购业务不同。采购运费业务在采购结算时需要将采购发票、运费发票和采购入库单一起结算，在生成凭证时需要将采购发票与运费发票合并制单，将运费计入采购成本中。

2. 采购运费业务的处理流程

（1）采购入库单的处理流程如下。

① 在采购模块填制采购入库单。

② 在库存模块审核采购入库单。

③ 在核算模块对采购入库单记账（必须在采购入库单和采购发票、运费发票结算后）。

④ 在核算模块对采购入库单制单。

生成的会计分录如下。

借：原材料

　　贷：在途物资

（2）发票的处理流程如下。

① 在采购模块填制、复核采购发票。

② 在采购模块填制、复核运费发票。

③ 在采购模块将采购发票、运费发票与采购入库单进行结算。

④ 在核算模块对采购发票、运费发票合并制单（两张发票付款方式一样，都是现结或未现结。根据需要也可分开制单）。

生成的会计分录如下。

借：在途物资

应交税费——应交增值税（进项税额）

贷：应付账款

（3）付款单的处理流程如下。

① 在采购模块填制付款单并与对应发票进行核销。

② 在核算模块对付款单制单（核销制单）。

生成的会计分录如下。

借：应付账款

贷：银行存款

📝 **注意**

付款也可以在发票环节现结付款，此情况下付款单的流程可以略去。

✈ # 任务实施

1. 在采购模块填制采购入库单

执行"采购"→"采购入库单"命令，根据业务信息填制采购入库单并保存，结果如图 7-27 所示。

图 7-27　填制采购入库单

微课 7-6

采购运费业务

2. 在库存模块审核采购入库单

执行"库存"→"采购入库单审核"命令，审核该采购入库单。

3. 在采购模块填制、复核采购发票

执行"采购"→"采购发票"命令，根据业务信息填制并复核采购专用发票，结果如图 7-28 所示。

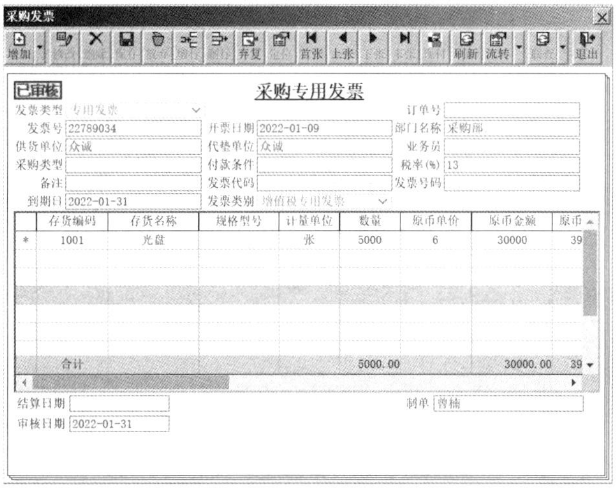

图 7-28 填制并复核采购专用发票

4. 在采购模块填制、现付、复核运费发票

（1）执行"采购"→"采购发票"命令，根据业务信息填制运费发票，结果如图 7-29 所示。

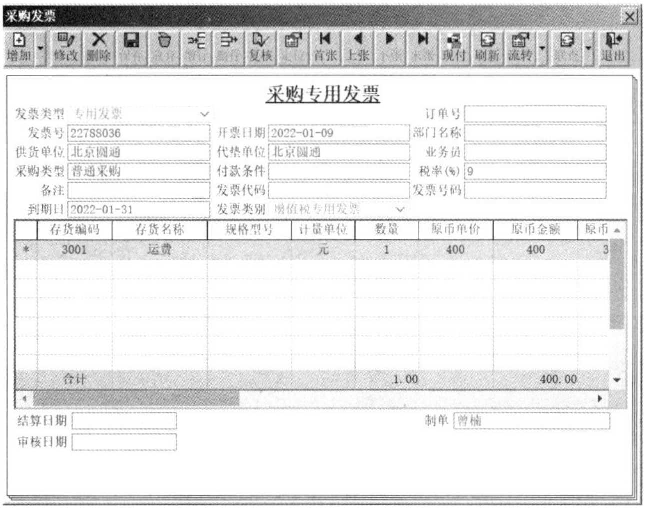

图 7-29 填制运费发票

（2）单击"现付"按钮，对运费发票进行现付，如图 7-30 所示。

（3）单击"复核"按钮，对运费发票进行审核。

5. 在采购模块将采购发票、运费发票与采购入库单进行结算

（1）执行"采购"→"采购结算"→"手工结算"命令，选择采购发票、运费发票与相应的入库单进行结算，如图 7-31 所示，单击"确定"按钮。

图 7-30 对运费发票进行现付

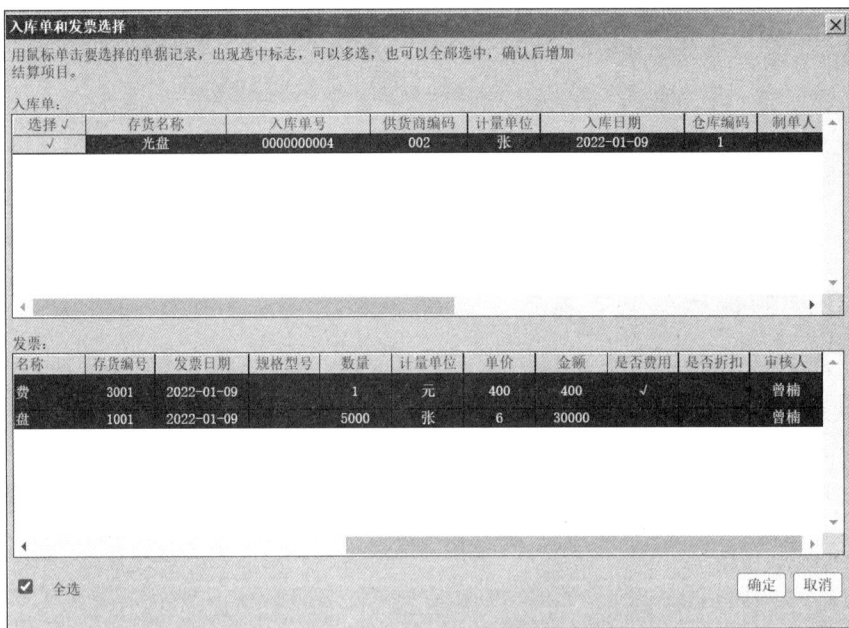

（2）选择费用分摊方式为"按数量"，显示结算单如图 7-32 所示。单击"分摊"按钮，再单击"结算"按钮。

图 7-31 选择结算单据

6. 在核算模块对采购发票制单（发票制单）

执行"核算"→"凭证"→"供应商往来制单"命令，打开"供应商制单查询"对话框，选择"发票制单"，单击"确定"按钮。在打开的"供应商往来制单"窗口中，凭证类别选择"转账凭证"，日期改为"2022-01-09"，单击"选择标志"列的空白处后单击"制单"按钮，生成采购发票凭证，如图 7-33 所示。单击"保存"按钮退出。

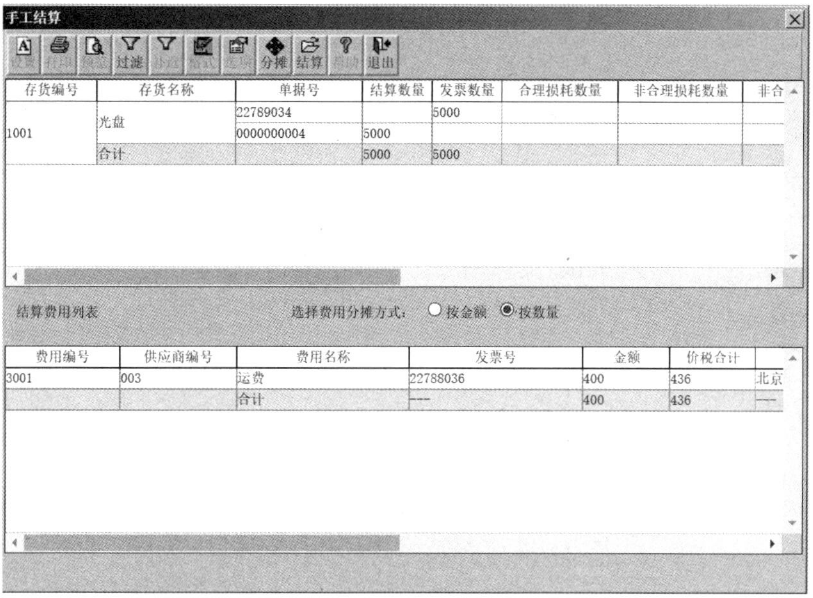

图 7-32　显示结算单

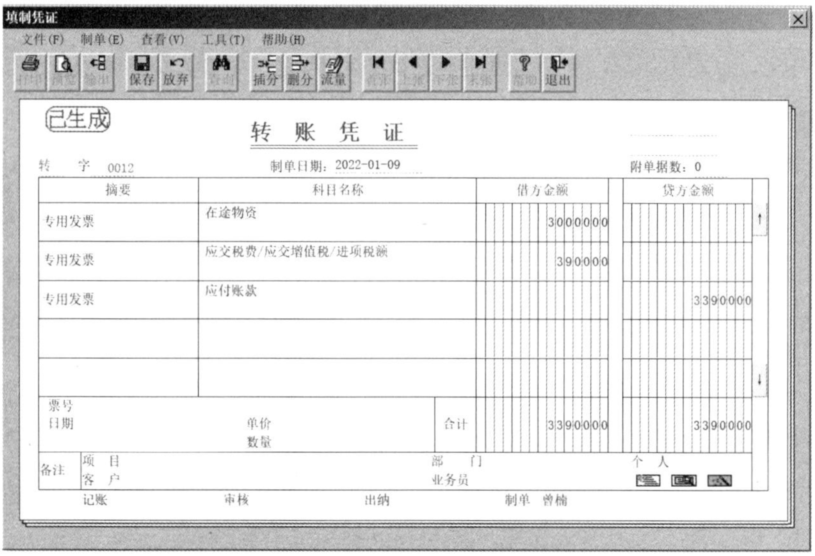

图 7-33　生成采购发票转账凭证

7. 在核算模块对运费发票制单（现结制单）

执行"核算"→"凭证"→"供应商往来制单"命令，打开"供应商制单查询"对话框，选择"现结制单"，单击"确定"按钮。在打开的"供应商往来制单"窗口中，凭证类别选择"付款凭证"，日期改为"2022-01-09"，单击"选择标志"列的空白处后单击"制单"按钮，生成运费发票付款凭证，如图 7-34 所示。单击"保存"按钮退出。

图 7-34　生成运费发票付款凭证

8.　在核算模块对采购入库单记账

执行"核算"→"核算"→"正常单据记账"命令，全选所有单据类型，对采购入库单记账，结果如图 7-35 所示。

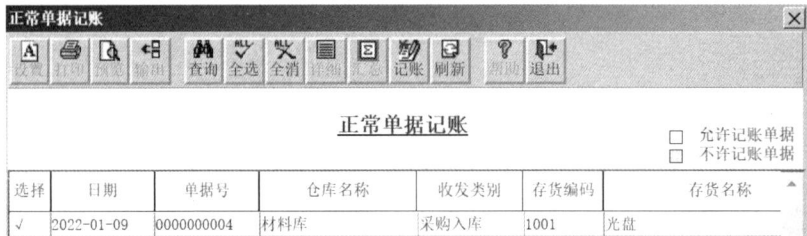

图 7-35　对采购入库单记账

9.　在核算模块对采购入库单制单

执行"核算"→"凭证"→"购销单据制单"命令，进入"生成凭证"窗口。单击"选择"按钮，在打开的"查询条件"对话框中单击"全选"和"确定"按钮，进入"选择单据"窗口。继续单击"全选"和"确定"按钮，返回"生成凭证"窗口。选择凭证类别为"转"，单击"生成"按钮，生成采购入库单转账凭证，修改制单日期为"2022-01-09"，结果如图 7-36所示。单击"保存"按钮退出。

> **注意**
>
> 原材料的成本为 30 400 元＝30 000 元（买价）＋400 元（运费）。

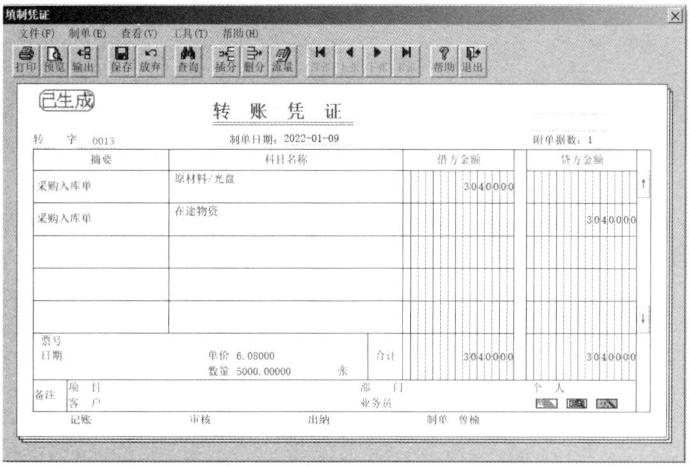

图 7-36 生成采购入库单转账凭证

10．在采购模块填制付款单并与对应发票进行核销

执行"采购"→"供应商往来"→"付款结算"命令，根据业务信息填制付款单并与相应发票核销，在"本次结算"栏输入"33900"，结果如图 7-37 所示。单击"保存"按钮退出。

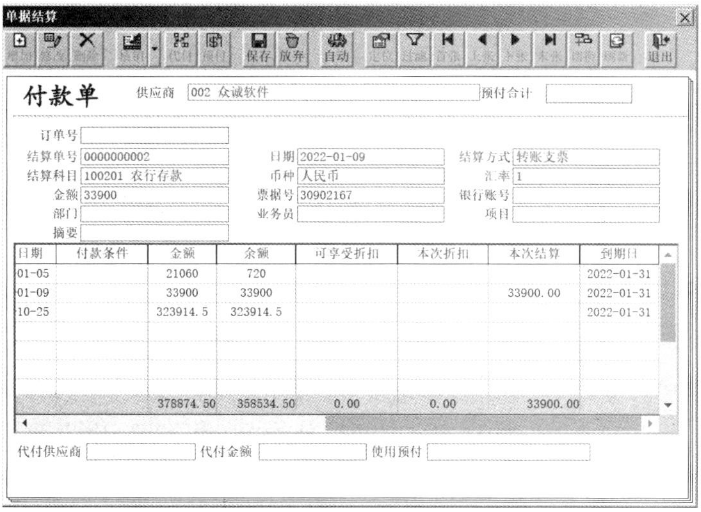

图 7-37 填制并核销付款单

11．在核算模块对付款单制单（核销制单）

执行"核算"→"凭证"→"供应商往来制单"命令，与前述核销操作方法类似，选择"核销制单"，进入"供应商往来制单"窗口。凭证类别选择"付款凭证"，修改日期为"2022-01-10"，单击"制单"按钮，生成付款凭证，如图 7-38 所示。单击"保存"按钮退出。

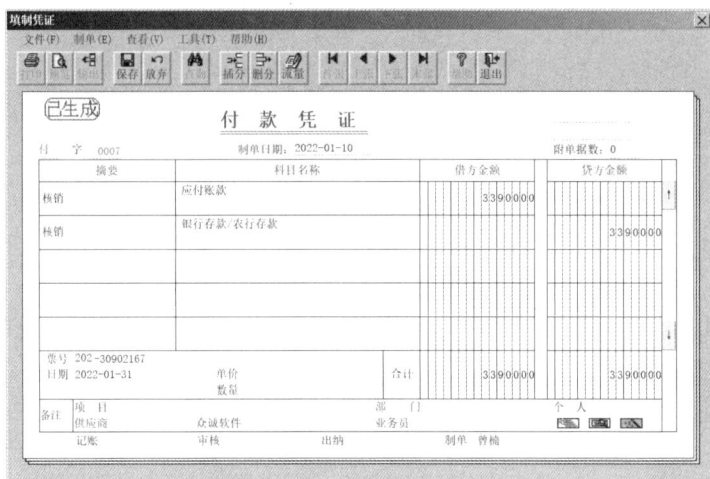

图 7-38　生成记账凭证

任务四　暂估处理业务

任务描述

1 月 12 日，上月从新华印刷厂采购的复印纸发票已到（发票号39017826），数量 100 包，单价 15 元。增值税税额为 195 元（税率 13%），价税合计 1 695 元。进行暂估处理。

任务准备

暂估是指本月存货已经入库，但采购发票尚未收到，不能确定存货的入库成本所进行的操作。月底时为了正确核算企业的库存成本，需要将这部分存货暂估入账，形成暂估凭证。对暂估业务，系统提供了以下 3 种不同的处理方法。

1. 月初回冲

进入下月后，在核算模块中自动生成与暂估入库单完全相同的"红字回冲单"，冲回存货明细账中上月的暂估入库记录；对"红字回冲单"制单，冲回上月的暂估凭证。收到采购发票后，录入采购发票，对采购入库单和采购发票进行结算。结算完毕后，进入核算模块，执行"暂估处理"操作，进行暂估处理后，系统根据发票自动生成一张"蓝字回冲单"，其上的金额为发票上的报销金额；同时登记存货明细账，使库存增加。对"蓝字回冲单"制单，生成采购入库凭证。

2．单到回冲

下月初不做处理，收到采购发票后，在采购模块中录入采购发票并进行采购结算；再到核算模块中进行暂估处理，系统自动生成"红字回冲单""蓝字回冲单"，同时据以登记存货明细账。"红字回冲单"的入库金额为上月暂估金额，"蓝字回冲单"的入库金额为结算单上的报销金额。

3．单到补差

下月初不做处理，收到采购发票后，在采购模块中录入采购发票并进行采购结算；再到核算模块中进行暂估处理，在存货明细账中根据报销金额与暂估金额的差额生成调整单，自动记入存货明细账；最后对调整单制单，生成凭证，传递到总账模块。

微课 7-7

任务实施

暂估处理业务

1．在采购模块填制、复核采购专用发票

执行"采购"→"采购发票"命令，根据业务信息填制并复核采购专用发票，结果如图 7-39 所示。

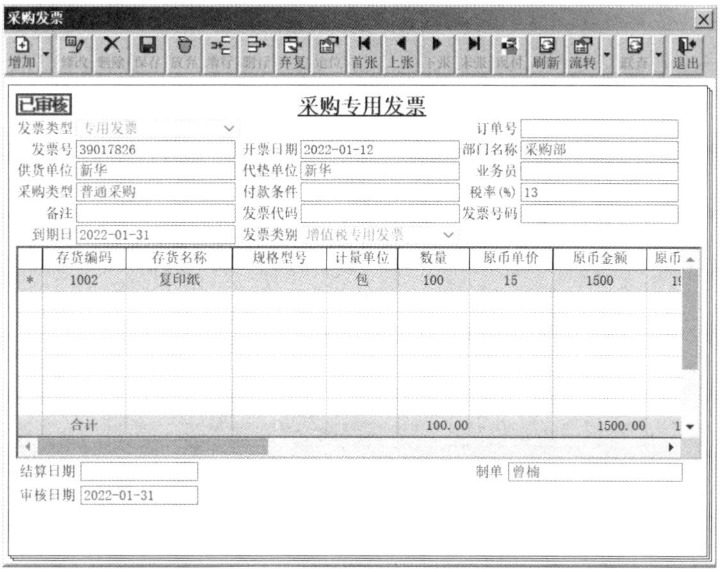

图 7-39　填制并复核采购专用发票

2. 在采购模块将采购专用发票与期初采购入库单进行结算

执行"采购"→"采购结算"→"手工结算"命令，在打开的"条件输入"对话框中设置日期的过滤条件为日期为"2021-01-01"至"2022-01-31"，单击"确定"按钮进入"入库单和发票选择"对话框。选择对应的入库单和发票，单击"确定"按钮进入"手工结算"窗口，如图 7-40 所示。选择费用分摊方式为"按数量"，单击"结算"按钮，再单击"退出"按钮。

图 7-40　采购结算

3. 在核算模块对采购专用发票制单（发票制单）

执行"核算"→"凭证"→"供应商往来制单"命令，默认选择"发票制单"，进入"供应商往来制单"窗口。凭证类别选择"转账凭证"，制单日期修改为"2022-01-12"，单击"制单"按钮，生成采购专用发票凭证，如图 7-41 所示。单击"保存"按钮退出。

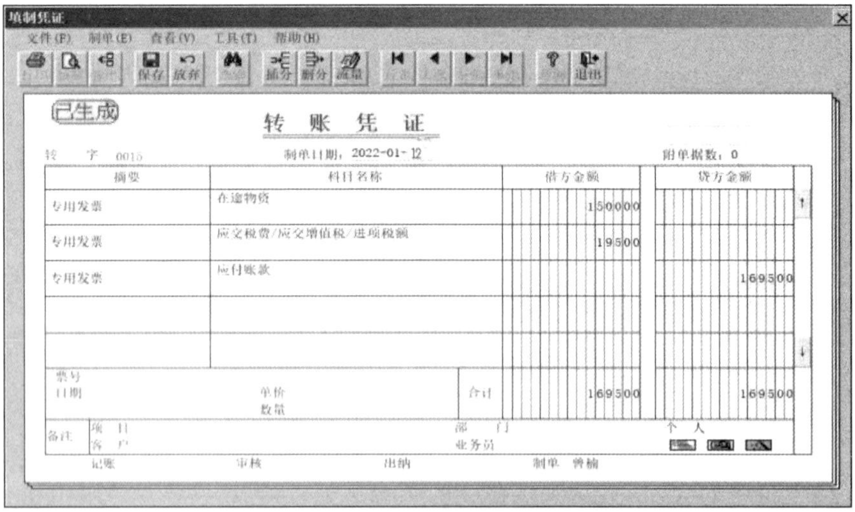

图 7-41　生成采购专用发票凭证

4. 在核算模块对上月采购入库单进行暂估处理

（1）执行"核算"→"核算"→"暂估入库成本处理"命令，打开

"暂估成本处理查询"对话框，设置查询条件如图 7-42 所示，单击"确定"按钮。

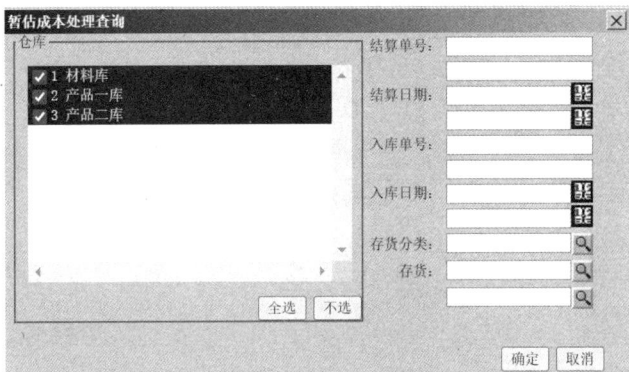

图 7-42 设置查询条件

（2）选择需要暂估的入库单，如图 7-43 所示。单击"暂估"按钮，再单击"退出"按钮退出。

图 7-43 选择暂估入库单

5. 在核算模块对红字回冲单制单

执行"核算"→"凭证"→"购销单据制单"命令，进入"生成凭证"窗口，单击"选择"按钮，打开"选择单据"对话框。单击"全选"按钮和"确定"按钮，返回"生成凭证"窗口。选择单据类型为"红字回冲单"的记录，单击"确定"按钮返回。将科目类型为"对方"的科目编码设为"2202"，凭证类别选择"转"，单击"生成"按钮，进入"填制凭证"窗口。修改制单日期为"2022-01-12"，得到如图 7-44 所示的红字回冲单。单击"保存"按钮退出。

6. 在核算模块对蓝字回冲单（报销）制单

按照前述相同的步骤，执行"核算"→"凭证"→"购销单据制单"命令，对蓝字回冲单（报销）制单，设置对方科目为1402。最终得到的蓝字回冲单如图 7-45 所示。

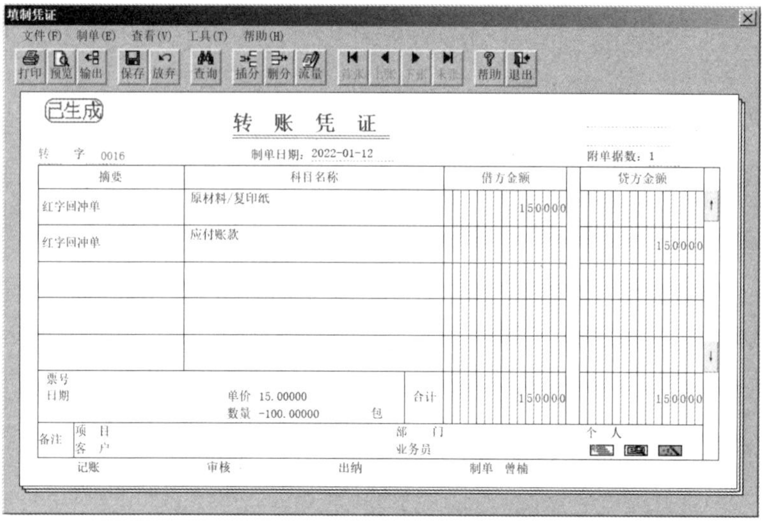

图 7-44　红字回冲单转账凭证

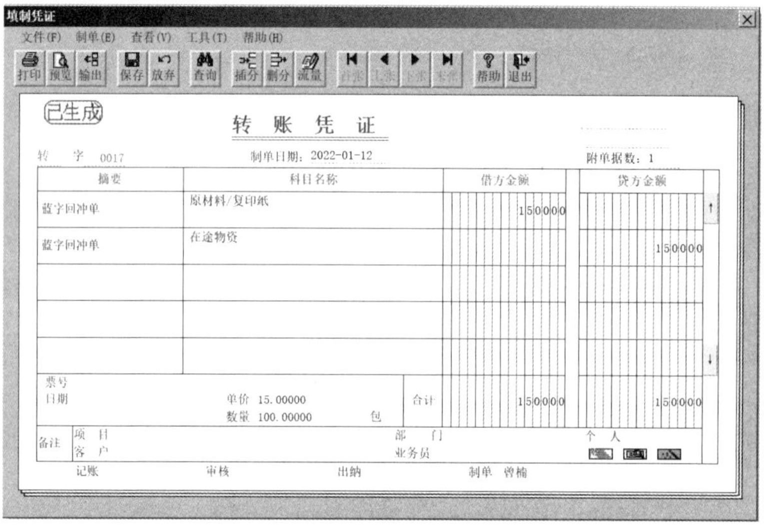

图 7-45　蓝字回冲单

任务五　预付货款业务

任务描述

（1）1月15日，从众诚软件采购6 000张空白光盘，单价7元，预付采购订金6 000元，以转账支票支付，支票号33072318。

（2）1月17日，从众诚软件采购的6 000张空白光盘验收入材料库。

（3）1 月 17 日，收到众诚软件提供的增值税专用发票一张，发票号 28902175，数量 6 000 张，单价 7 元，金额 42 000 元，增值税税额 5 460 元（税率 13%），价税合计 47 460 元。

（4）1 月 18 日，以转账支票支付众诚软件剩余货税款 41 460 元，支票号 78532106。

任务准备

企业发生采购业务，在签订采购合同后，通常会要求采购方预付采购订金。此时需要先填制付款单（预付款），待货物验收入库和采购发票到达企业后，进行采购入库单和采购发票的处理，然后企业将剩余货款支付给供货方，同时结转预付的采购订金。

任务实施

1. 在采购模块填制付款单并进行预付处理

（1）执行"采购"→"供应商往来"→"付款结算"命令，打开"单据结算"窗口。根据业务信息填制付款单，结果如图 7-46 所示。

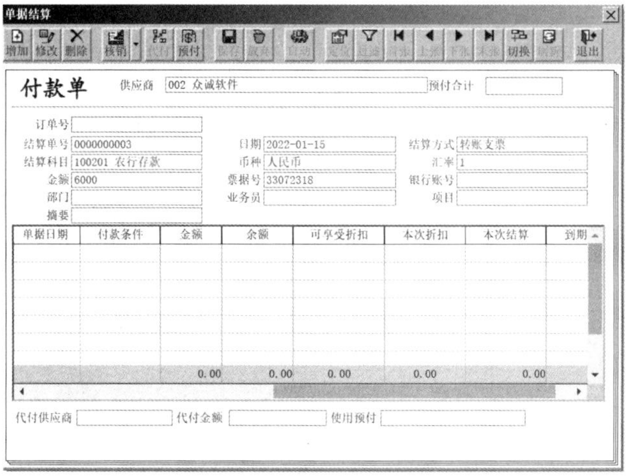

图 7-46 填制付款单

（2）单击"预付"按钮，进行预付处理后退出。

2. 在核算模块对付款单制单（核销制单）

执行"核算"→"凭证"→"供应商往来制单"命令，打开"供应商制单查询"对话框，勾选"核销制单"复选框，单击"确定"按钮。打开"供应商往来制单"窗口，进行相关设置，单击"制单"按钮，生成付款单凭证，如图7-47所示。

图7-47　生成付款单凭证

3. 在采购模块填制采购入库单

执行"采购"→"采购入库单"命令，打开"采购入库单"窗口，根据业务信息填制采购入库单，结果如图7-48所示。

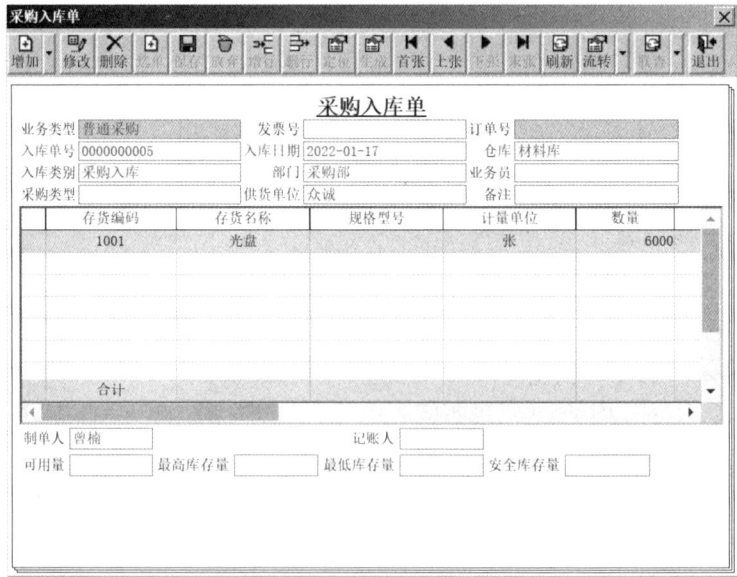

图7-48　填制采购入库单

4. 在库存模块复核采购入库单

执行"库存"→"采购入库单审核"命令，在"采购入库单审核"窗口单击"复核"按钮复核该采购入库单。

5. 在采购模块填制、复核采购发票

执行"采购"→"采购发票"命令，根据业务信息填制并复核采购发票，如图 7-49 所示。

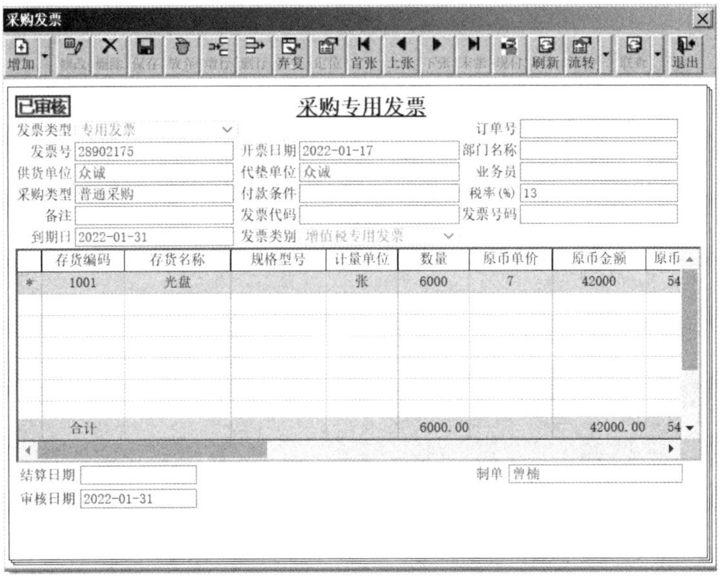

图 7-49　填制并复核采购发票

6. 在采购模块将采购发票与采购入库单进行结算

执行"采购"→"采购结算"→"手工结算"命令，选择采购发票与相应的入库单进行结算。结算单如图 7-50 所示。

图 7-50　结算单

7. 在核算模块对采购发票制单（发票制单）

采用前面介绍的制单步骤，执行"核算"→"凭证"→"供应商往来制单"命令，选择"发票制单"，生成采购发票凭证如图 7-51 所示。

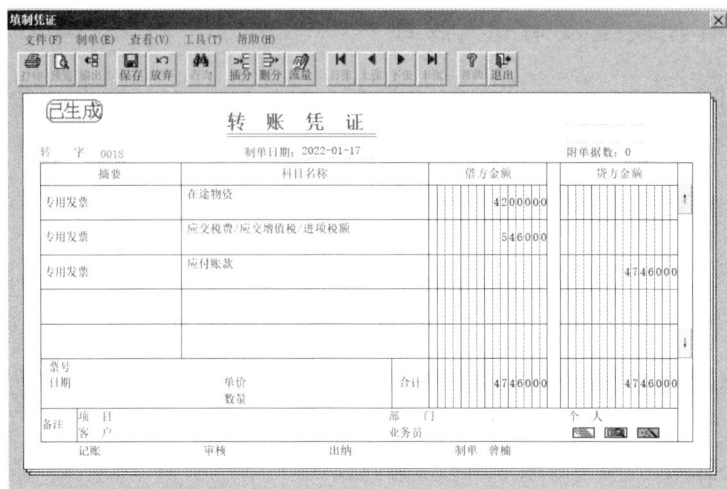

图 7-51　生成采购发票凭证

8. 在核算模块对采购入库单记账

执行"核算"→"核算"→"正常单据记账"命令，打开"正常单据记账"窗口，对采购入库单记账，如图 7-52 所示。

图 7-52　对采购入库单记账

9. 在核算模块对采购入库单制单

执行"核算"→"凭证"→"购销单据制单"命令，选择"采购入库单（报销记账）"，生成采购入库转账凭证，如图 7-53 所示。

10. 在采购模块填制付款单并与对应发票进行核销

执行"采购"→"供应商往来"→"付款结算"命令，打开"单据结算"窗口，填制付款单并与相应发票核销，本次结算金额为 41460 元。生成付款单凭证如图 7-54 所示。

11. 在核算模块对付款单制单（核销制单）

执行"核算"→"供应商往来制单"命令，选择"核销制单"，生成付款凭证，如图 7-55 所示。

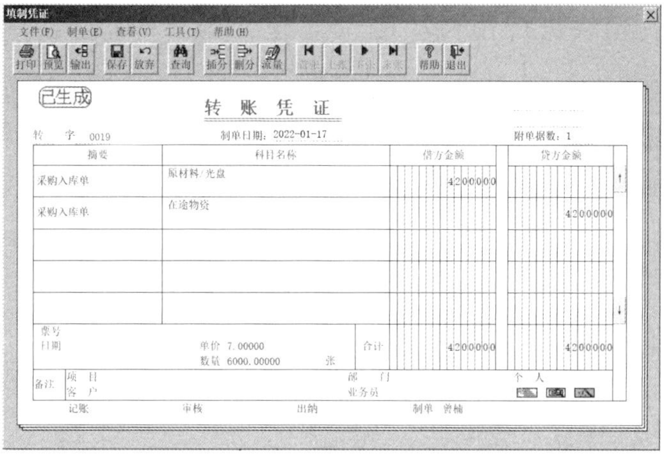

图 7-53　生成采购入库凭证

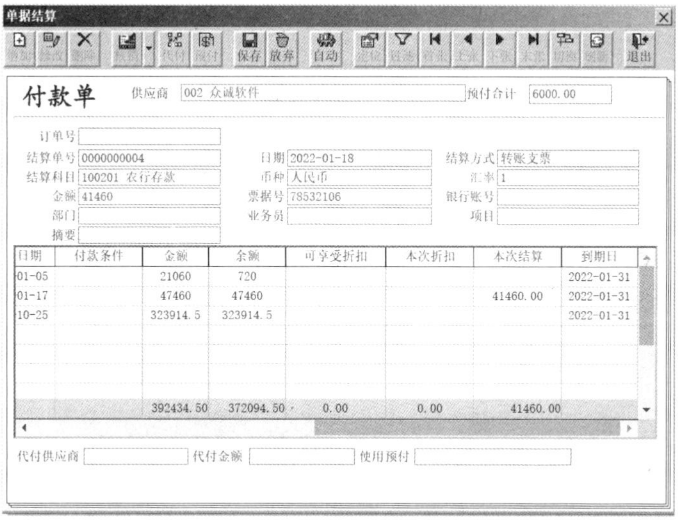

图 7-54　填制付款单并与相应发票核销

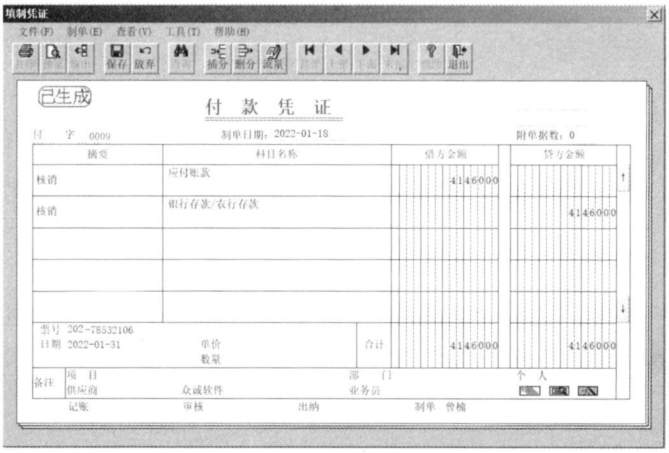

图 7-55　生成付款凭证

12. 在采购模块进行预付冲应付处理

（1）执行"采购"→"供应商往来"→"预付冲应付"命令，打开"预付冲应付"对话框，修改日期为 2022-01-15。

（2）在"预付款"选项卡，选择供应商为"众诚软件"。单击"过滤"按钮，输入转账金额"6000"，如图 7-56 所示。

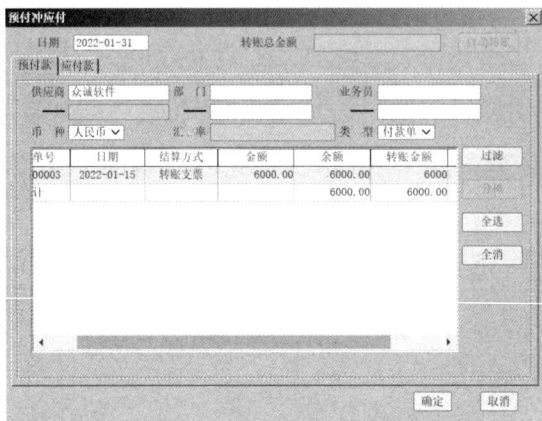

图 7-56 确定预付款转账金额

（3）单击"应付款"页签，修改日期为 2022-01-31，再单击"过滤"按钮，在 2022 年 1 月 17 日单据行输入转账金额"6000"，如图 7-57 所示。单击"确定"按钮保存。

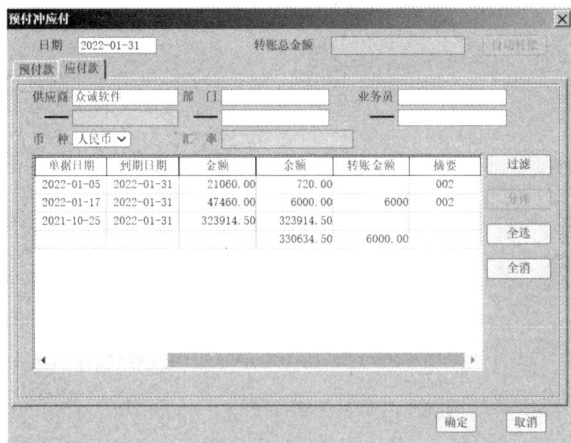

图 7-57 确定应付款转账金额

13. 在核算模块对预付冲应付处理制单（转账制单）

执行"核算"→"凭证"→"供应商往来制单"命令，选择"转账制单"，生成预付冲应付凭证，如图 7-58 所示。

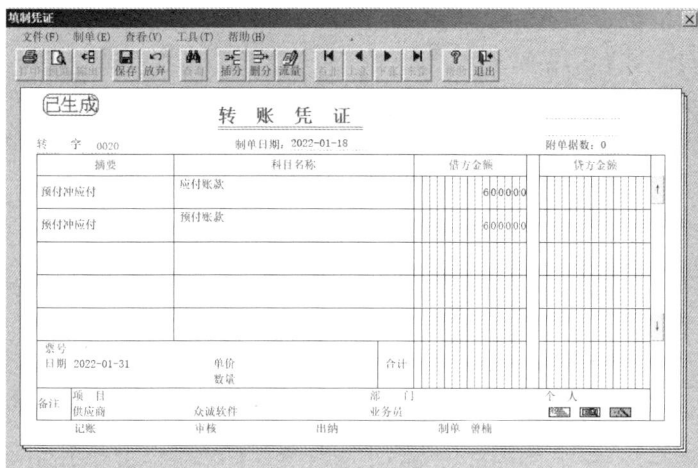

图 7-58 生成预付冲应付凭证

任务六 采购期末处理

任务描述

2022 年 1 月 31 日，对采购与应付模块结账。

任务准备

采购期末处理主要是指月末结账，即将当月的单据数据封存。结账后不允许再对该会计期的采购单据进行增加、修改、删除等处理。

当各模块集成使用时，应注意各模块的结账顺序为采购与应付模块、销售与应收模块结账，库存模块结账，核算模块结账，工资、固定资产模块结账，总账模块结账。

任务实施

（1）执行"采购"→"月末结账"命令，打开"月末结账"对话框，单击1月对应的"选择标记"栏，该栏出现"选中"标记。

（2）单击"结账"按钮，系统提示结账成功，单击"确定"按钮。返回"月末结账"对话框，1月对应的"是否结账"栏显示"已结账"标记，如图 7-59 所示。单击"退出"按钮退出。

图 7-59　采购月末结账

课后实训

【实训目的】

1. 熟悉采购期末处理操作。

2. 掌握普通采购业务、采购现结业务、采购运费业务、暂估处理业务、预付货款业务等操作。

【实训要求】

以采购员李强（编号：105；密码：5）的身份进行采购与应付业务处理。

【实训内容】 扫描二维码，获取详细内容。

实训七

采购与应付管理

项目八

销售与应收管理

🔒 **学习目标**

知识目标

- 掌握普通销售业务
- 掌握销售现结业务
- 掌握销售运费业务
- 理解预收货款业务
- 了解销售期末处理

能力目标

- 会普通销售业务操作
- 会销售现结业务操作
- 会销售运费业务操作
- 会预收货款业务操作
- 会销售期末处理操作

素养目标

- 能够独立思考、自主学习
- 培养吃苦耐劳、不达目的不罢休的奋斗精神

情景导入

北京华腾电子科技有限公司进行 2022 年 1 月的销售与应收业务核算。销售员侯勇进行销售与应收业务的相关处理。

1. 普通销售业务

（1）1 月 2 日，与天友电子技术公司签订销售合同，其预订购 UU 移动课堂 200 套，无税单价 100 元。

（2）1 月 3 日，向天友电子技术公司发出其订购的 UU 移动课堂 200 套，无税单价 100 元，货物从成品库发出。

（3）1 月 3 日，天友电子技术公司订购的 UU 移动课堂 200 套，已从产品一库出库。

（4）1 月 3 日，向天友电子技术公司开出增值税专用发票一张，发票号 67290831，UU 移动课堂 200 套，无税单价 100 元，价款 20 000 元，增值税税额 2 600 元（税率 13%），价税合计 22 600 元。

（5）1 月 5 日，收到天友电子技术公司转账支票一张，支票号 33789021，金额为 UU 移动课堂的货税款，共计 22 600 元。

2. 销售现结业务

1 月 8 日，销售给北京图书大厦的常用软件工具使用导航已经从产品二库发货。同时开出增值税专用发票一张（发票号 56289015），数量 40 册，单价 50 元，增值税税额 260 元（税率 13%），价税合计 2 260 元。收到客户以转账支票支付的全部货款，支票号 90217647，进行现结制单处理。

3. 销售运费业务

1 月 8 日，在向北京图书大厦销售商品过程中发生代垫运费 50 元，以现金支付。

4. 预收货款业务

（1）1 月 12 日，向天友电子技术公司销售 UU 移动课堂 500 套，无税单价 100 元，价款 50 000 元。收到转账支票一张，支票号 89026743，金额为销售订金 5 000 元。

（2）1月15日，向天友电子技术公司发出 UU 移动课堂 500 套，无税单价 100 元，价款 50 000 元，增值税税额 6 500 元（税率 13%），价税合计 56 500 元。货物从成品库发出，同时开出增值税专用发票一张，发票号 78209154。

（3）1月16日，收到天友电子技术公司转账支票一张，支票号 90217845，金额 51 500 元，为天友电子技术公司支付的购买 UU 移动课堂的余款。同日，结转销售订金。

任务学习

销售业务处理主要包括销售订货、销售发货、销售出库、销售发票等销售业务全过程的管理，涉及普通销售业务、销售现结业务、销售退货业务等业务类型。企业可根据实际业务情况，对销售业务流程进行可选配置。

应收业务处理可以实现企业与购买方资金的结算，结算方式具体包括预收、现收和应收方式。应收业务处理中最重要的单据为收款单。

任务一　普通销售业务

子任务一　销售订单处理

任务描述

1月2日，与天友电子技术公司签订销售合同，其预订购 UU 移动课堂 200 套，无税单价 100 元。

任务准备

销售订货是确认客户订货需求的过程。客户的订货需求通过销售订单的形式反映，企业根据销售订单组织货源，并对订单的执行进行管理、控制和追踪。销售订单的处理具体包括录入销售订单、审核销售订单、关闭销售订单、销售订单查询统计等操作。

销售订单非销售业务必须填制的单据，可根据企业的管理需要选择填制。销售订单不生成记账凭证。

微课 8-1

销售订单处理

任务实施

以销售员侯勇的身份登录信息门户。输入或选择如下信息：操作员"105"，密码"5"，账套"[001]华腾科技"，会计年度"2022"，操作日期"2022-01-31"。

（1）执行"销售"→"销售订单"命令，打开"销售订单"窗口。

（2）单击"增加"按钮，输入订单日期"2022-01-02"，选择客户名称"天友"、销售类型"普通销售"、销售部门"销售一部"、到期日"2022-01-31"。

（3）选择货物编码为"2002"，输入数量"200"、无税单价"100"。

（4）单击"保存"按钮，再单击"审核"按钮。填制销售订单如图 8-1 所示。

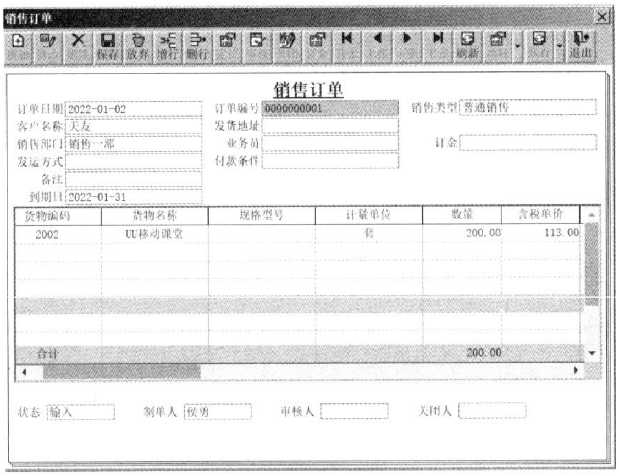

图 8-1　填制销售订单

（5）单击"退出"按钮，退出"销售订单"窗口。

子任务二　销售发货单处理

任务描述

1 月 3 日，向天友电子技术公司发出其订购的 UU 移动课堂 200 套，无税单价 100 元，货物从成品库发出。

任务准备

销售发货是企业执行与客户签订的销售合同或销售订单，将货物发往客户的行为，是销售业务的执行阶段。销售发货是处理销售业务的必要环节，但此环节不生成记账凭证。

微课 8-2

销售发货单处理

任务实施

（1）执行"销售"→"销售发货单"命令，打开"发货单"窗口。

（2）单击"增加"按钮，输入发货日期"2022-01-03"，选择客户名称"天友"、销售类型"普通销售"、销售部门"销售一部"，输入税率（%）"13"、到期日"2022-01-31"。

（3）选择仓库"产品一库"、货物名称"UU 移动课堂"，输入数量"200"、无税单价"100"。

（4）单击"保存"按钮，再单击"审核"按钮。填制发货单如图 8-2所示。

（5）单击"退出"按钮，退出"发货单"窗口。

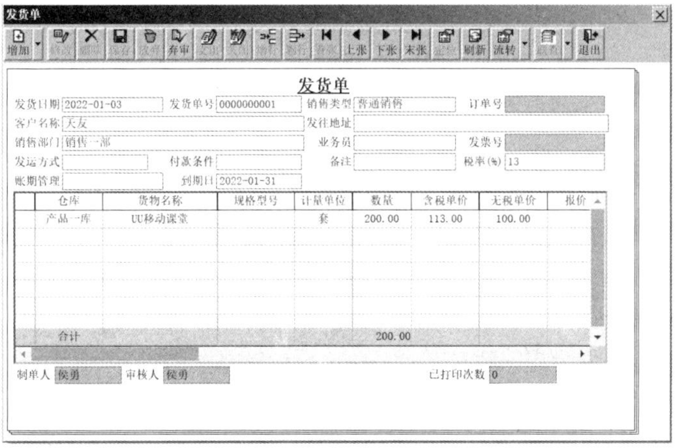

图 8-2　填制发货单

子任务三　销售出库单处理

任务描述

1 月 3 日，天友电子技术公司订购的 UU 移动课堂 200 套，已从产品一库出库。

任务准备

1. 销售出库单概述

销售出库是销售业务处理的必要环节。销售出库单在库存模块中用于核算存货出库数量，在存货模块中用于核算存货出库成本。

在先发货后开票模式下，销售出库单是根据销售发货单自动生成的，在库存模块对其进行审核即可。销售出库单是销售模块必要的单据，并据以生成相应的记账凭证。

2. 销售出库单的处理流程（先发货后开票模式）

（1）在库存模块审核销售出库单（已由销售发货单自动生成）。

（2）在核算模块对销售出库单记账。

（3）在核算模块对销售出库单制单。

生成的会计分录如下。

借：主营业务成本

　　贷：库存商品

微课 8-3

销售出库单管理

任务实施

1. 在库存模块审核销售出库单

（1）执行"库存"→"销售出库单生成/审核"命令，打开"销售出库单"窗口。

（2）通过"上张""下张"按钮找到相应的销售出库单，单击"复核"按钮，如图 8-3 所示，然后单击"退出"按钮。

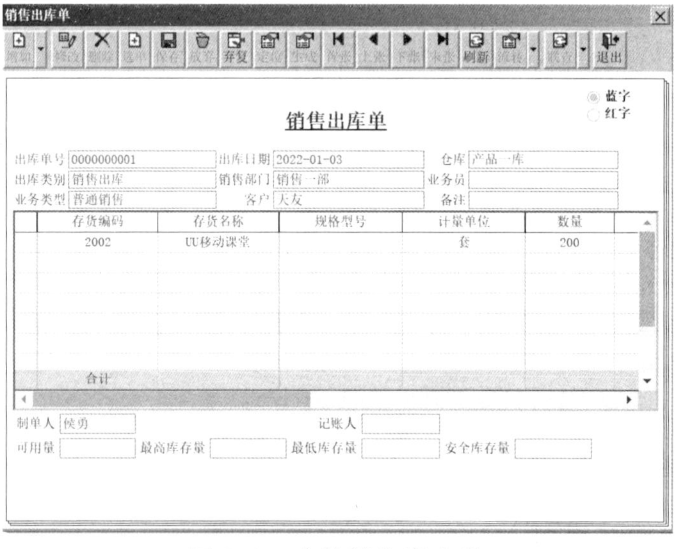

图 8-3　审核销售出库单

2. 在核算模块对销售出库单记账

（1）执行"核算"→"核算"→"正常单据记账"命令，打开"正常单据记账条件"对话框。

（2）单击"确定"按钮，打开"正常单据记账"窗口。选择要记账的单据，如图 8-4 所示。

图 8-4 选择要记账的单据

（3）单击"记账"按钮，记账完毕，再单击"确定"按钮。最后单击"退出"按钮。

3. 在核算模块对销售出库单制单

（1）执行"核算"→"凭证"→"购销单据制单"命令，在打开的"生成凭证"对话框中单击"选择"按钮，在打开的"查询条件"对话框中选择"（32）销售出库单"，如图 8-5 所示。

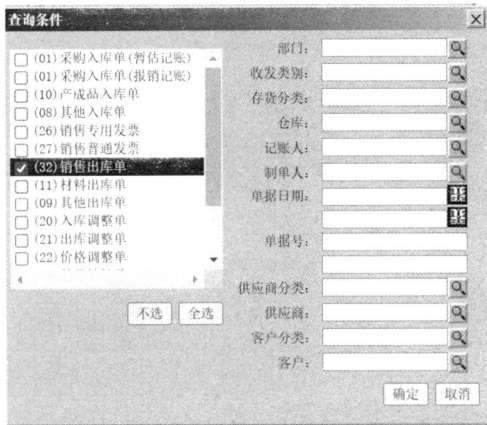

图 8-5 选择单据类型

（2）单击"确定"按钮，打开"选择单据"窗口。选择"销售出库单"行，如图 8-6 所示。

图 8-6 选择销售出库单

（3）单击"确定"按钮，打开"生成凭证"窗口，选择凭证类别为"转"，如图 8-7 所示。

图 8-7　设置凭证模板

> **注意**
>
> 若借贷方金额不正确，可双击手工更改。

（4）单击"生成"按钮，打开"填制凭证"窗口，修改制单日期为"2022-01-03"，检查凭证其他信息无误后，单击"保存"按钮，生成销售出库单凭证，如图 8-8 所示。

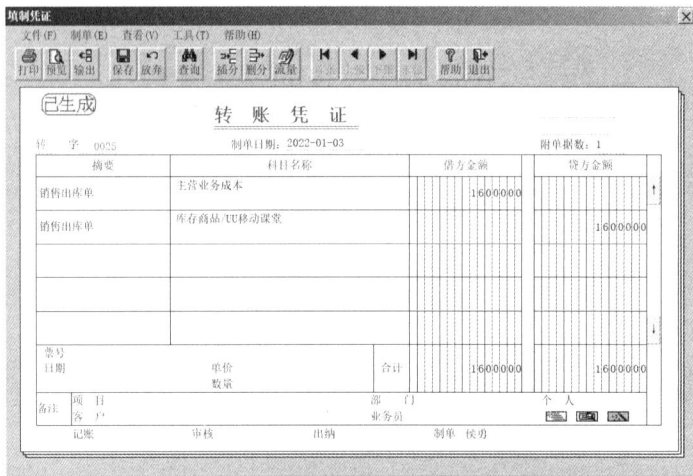

图 8-8　生成销售出库单凭证

子任务四　销售发票处理

任务描述

1 月 3 日，向天友电子技术公司开出增值税专用发票一张，发票号 67290831，UU 移动课堂 200 套，无税单价 100 元，价款 20 000 元，增值税税额 2 600 元（税率 13%），价税合计 22 600 元。

任务准备

1. 销售发票概述

销售开票是销售业务的重要环节，销售发票是销售收入确认、销售成本计算、应交销售税金确认和应收账款确认的依据。销售发票是指给客户开具的增值税专用发票、增值税普通发票及其所附清单等原始销售票据，一般包括产品或服务的说明、客户名称和地址，以及货物的名称、单价、数量、总价、税额等资料。

销售发票按发票类型分为普通发票及专用发票，按业务性质分为蓝字发票和红字发票。销售发票是销售模块必要的单据，并据以生成相应的记账凭证。

2. 销售发票的处理流程

（1）在销售模块生成并审核销售发票。

（2）在核算模块对销售发票制单（发票制单）。

生成的会计分录如下。

借：应收账款

　　贷：主营业务收入

　　　　应交税费——应交增值税（销项税额）

微课 8-4

销售发票处理

任务实施

1. 在销售模块生成并复核销售发票

（1）执行"销售"→"销售发票"命令，打开"销售发票"窗口。

（2）单击"增加"按钮右侧的下拉按钮，选择"专用发票"。

（3）单击"选单"按钮右侧的下拉按钮，选择"发货单"，单击"确定"按钮。打开"选择发货单"对话框，选择相应发货单，如图 8-9 所示。单击"确认"按钮。

（4）打开"销售发票"窗口，修改发票号为"67290831"，检查无误后，单击"保存"按钮，再单击"复核"按钮，完成销售发票的复核，如图 8-10 所示。最后单击"退出"按钮。

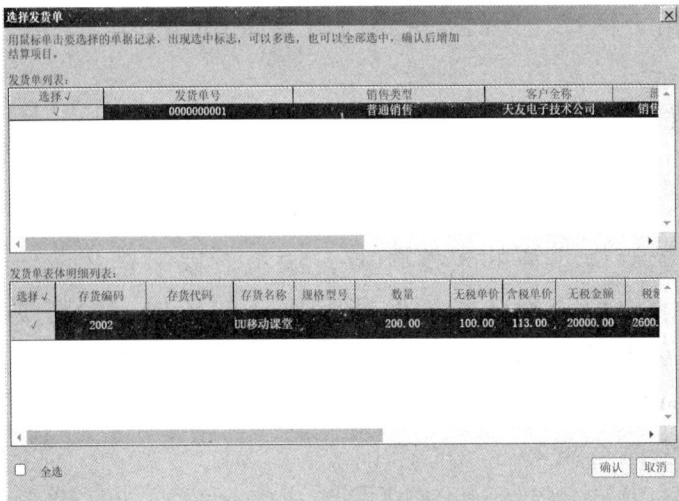

图 8-9　选择发货单

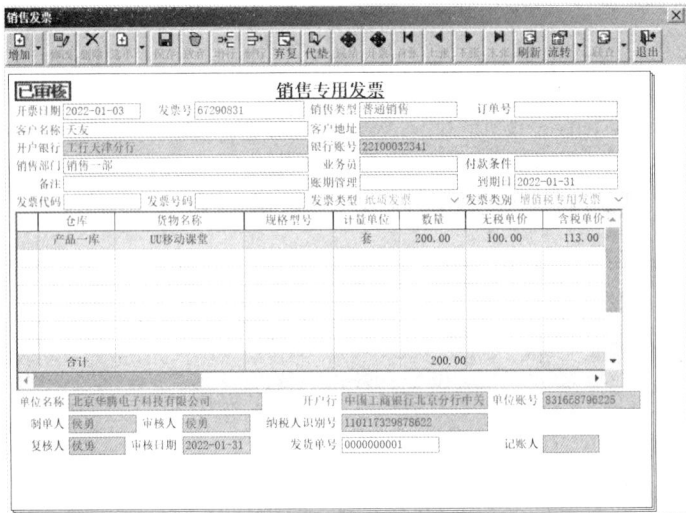

图 8-10　生成并复核销售发票

📝注意

◆ 在先发货后开票模式下，销售发票不能手工填制，必须参照发货单生成。

◆ 在先发货后开票模式下，销售发票的另外一种参照生成方式为：在"发货单"窗口中单击"流转"按钮，选择"生成专用发票"，如图 8-11 所示。这种生成发票方式更快些。

◆ 在先开票后发货模式下，填制并审核发票后，可自动生成发货单和出库单。

图 8-11 选择"生成专用发票"

2．在核算模块对销售发票制单（发票制单）

（1）执行"核算"→"凭证"→"客户往来制单"命令，打开"客户制单查询"对话框。默认勾选"发票制单"复选框，如图 8-12 所示。

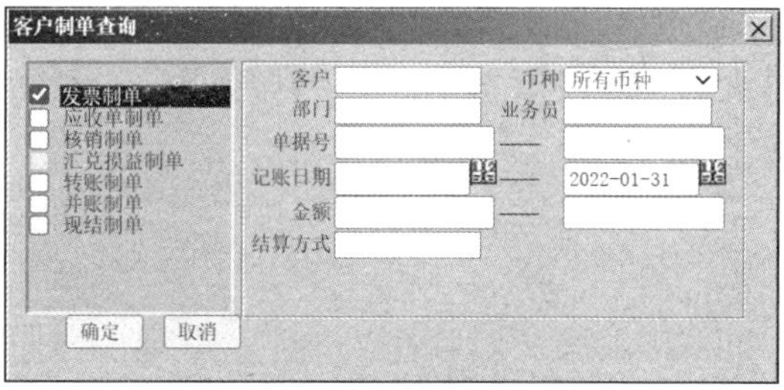

图 8-12 选择单据类型

（2）单击"确定"按钮，打开"客户往来制单"窗口。选择"专用发票"行，选择凭证类别为"转账凭证"，制单日期为"2022-01-03"，如图 8-13 所示。

图 8-13 选择专用发票

（3）单击"制单"按钮，打开"填制凭证"窗口，检查无误，单击"保存"按钮，生成销售发票凭证，如图 8-14 所示。

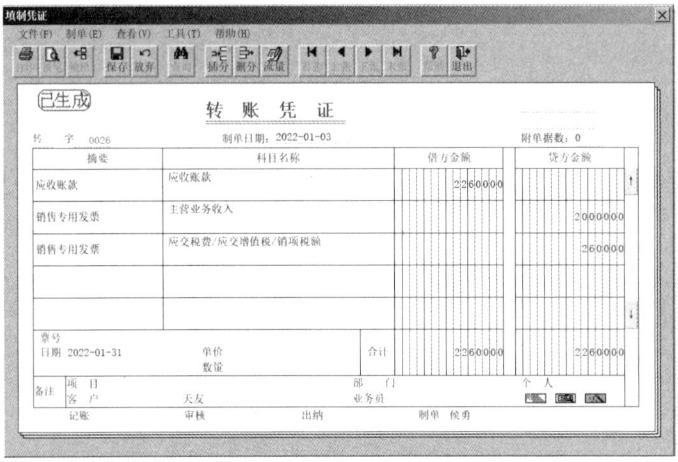

图 8-14　生成销售发票凭证

子任务五　收款单处理

任务描述

1月5日，收到天友电子技术公司转账支票一张，支票号33789021，金额为UU移动课堂的货税款，共计22 600元。

任务准备

1. 收款单概述

当企业将客户购买的货物发出并开具发票后，要按收款条件向客户收取货款。这时要录入收款单据，并与应收该客户的款项进行核销。

（1）填制收款单。

收款单用来记录企业收到的款项，当企业收到每一笔款项时，应知道该款项是客户结算所欠的货款，还是提前支付的货款，还是支付的其他费用。

（2）销售核销。

销售核销指用户日常进行的收款核销应收款的工作。销售核销的情况分为以下几种。

① 如果收取的货款等于应收款，则进行完全核销。

② 如果收取的货款小于应收款，则进行部分核销。

③ 如果收取的货款大于应收款，则余款作为预收款处理。

核销的方式有两种，即手工核销和自动核销。

2．收款单的处理流程

（1）在销售模块填制收款单并与对应发票进行核销。

（2）在核算模块对收款单制单（核销制单）。

生成的会计分录如下。

借：银行存款

　　贷：应收账款

微课 8-5

收款单处理

任务实施

1．在销售模块填制收款单并与对应发票进行核销

（1）执行"销售"→"客户往来"→"收款结算"命令，打开"收款结算"窗口。

（2）选择客户为"002 天友电子技术公司"。

（3）单击"增加"按钮，输入或选择如下信息：日期"2022-01-05"，结算方式"转账支票"，金额"22600"，票据号"33789021"。

（4）单击"保存"按钮，如图 8-15 所示。

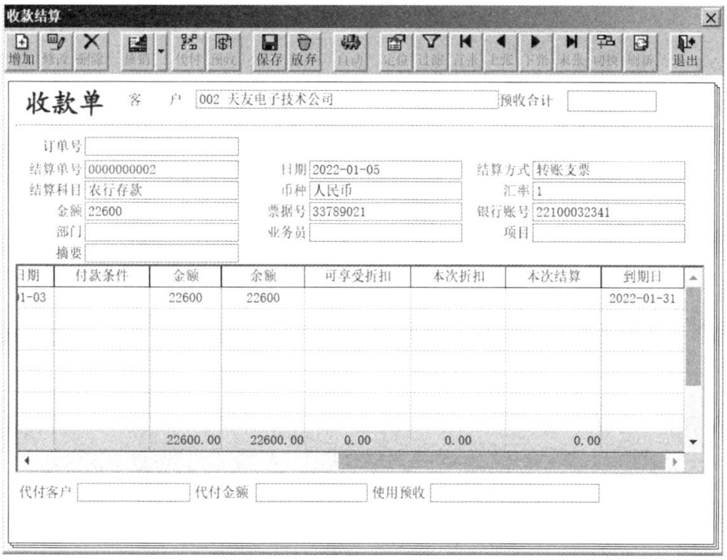

图 8-15　填制收款单

（5）单击"核销"按钮，对日期为 2022-01-03 的单据进行核销，输入本次结算金额"22600"，如图 8-16 所示。

（6）单击"保存"按钮，再单击"退出"按钮退出。

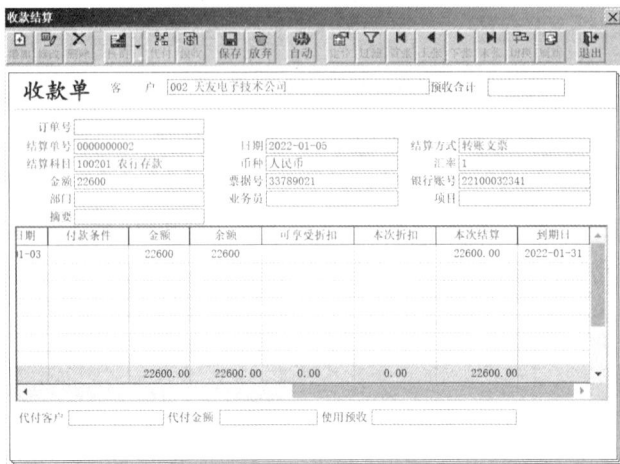

图 8-16 核销收款单

2. 在核算模块对收款单制单（核销制单）

（1）执行"核算"→"凭证"→"客户往来制单"命令，打开"客户制单查询"对话框。勾选"核销制单"复选框，如图 8-17 所示，单击"确定"按钮。

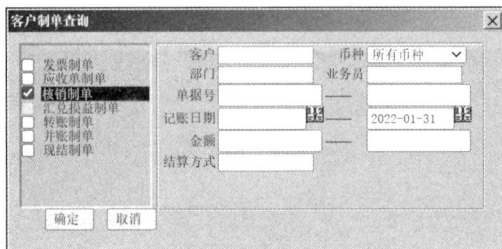

图 8-17 选择制单方式

（2）打开"客户往来制单"窗口，选择要制单的收款单，修改凭证类别为"收款凭证"，制单日期为"2022-01-05"，如图 8-18 所示，单击"制单"按钮。

图 8-18 选择收款单

（3）打开"填制凭证"窗口，检查凭证无误后，单击"保存"按钮，生成收款单凭证，如图 8-19 所示。单击"退出"按钮退出。

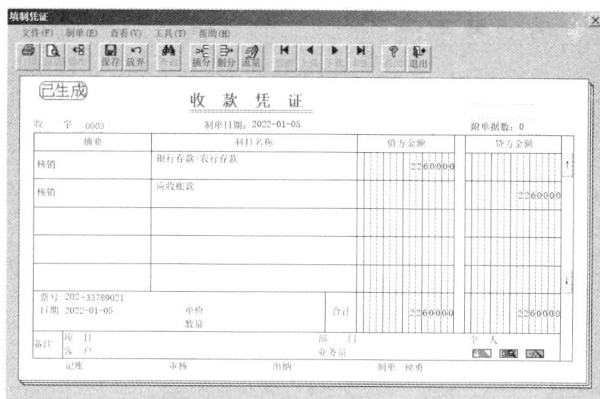

图 8-19　生成收款单凭证

任务二　销售现结业务

任务描述

1 月 8 日，销售给北京图书大厦的常用软件工具使用导航已经从产品二库发货。同时开出增值税专用发票一张，数量 40 册，单价 50 元，增值税税额 260 元（税率 13%），价税合计 2 260 元。收到客户以转账支票支付的全部货款，支票号 90217647，进行现结制单处理。

任务准备

1. 销售现结业务概述

现结业务在销售模块中也叫现收业务，即销售业务发生时企业直接收款并开具发票。发生现收业务后需要进行一些特殊处理。

（1）现收处理。

进行现收处理，即在销售模块中录入/生成发票后直接选择现收处理。现收处理后，一般系统会自动出现收款单供用户填写。当然，现收业务不会形成应收账款，也就不必进行核销操作。

（2）现结制单。

在核算模块中，对现结发票制单，凭证的借方不再是应收账款，而是银行存款。

除以上两点外，现收业务与普通销售业务类似，这里不赘述。

2. 销售现结业务的处理流程

（1）销售发货单的处理流程为：在销售模块填制并审核销售发货单。

（2）销售出库单的处理流程如下。

① 在库存模块审核销售出库单（已由销售发货单自动生成）。

② 在核算模块对销售出库单记账。

③ 在核算模块对销售出库单制单。

生成的会计分录如下。

借：主营业务成本

　　贷：库存商品

（3）销售发票的处理流程如下。

① 在销售模块填制、现收、复核销售发票。

② 在核算模块对销售发票制单（现结制单）。

生成的会计分录如下。

借：银行存款

　　贷：主营业务收入

　　　　应交税费——应交增值税（销项税额）

微课 8-6

销售现结业务

任务实施

1. 在销售模块填制并审核销售发货单

执行"销售"→"销售发货单"命令，根据业务信息填制并审核销售发货单，结果如图 8-20 所示。

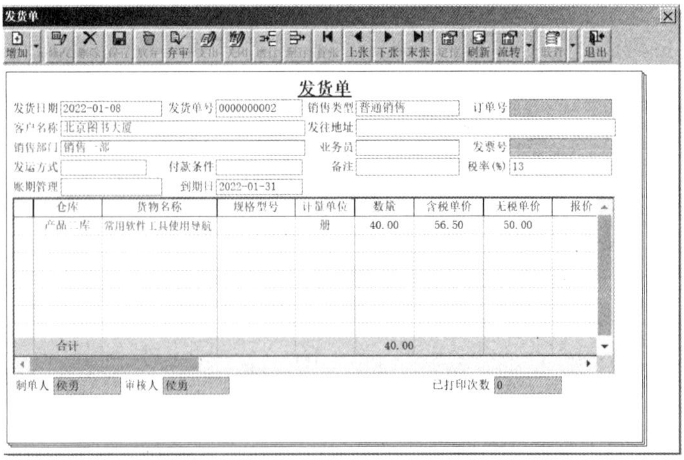

图 8-20　填制并审核销售发货单

2. 在库存模块审核销售出库单

执行"库存"→"销售出库单生成/审核"命令，进入"销售出库单"窗口。单击"复核"按钮，复核该销售出库单。

3. 在核算模块对销售出库单记账

执行"核算"→"核算"→"正常单据记账"命令，在"正常单据记账"窗口单击"记账"按钮，对该销售出库单记账，结果如图 8-21 所示。

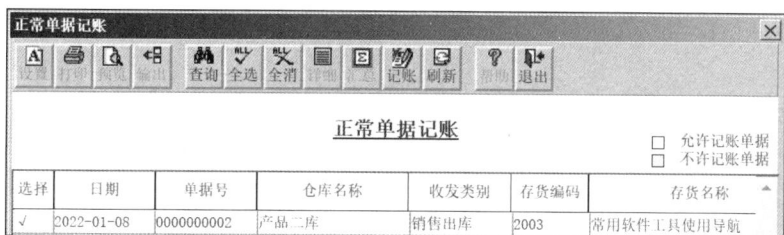

图 8-21 对销售出库单记账

4. 在核算模块对销售出库单制单

执行"核算"→"凭证"→"购销单据制单"命令，按照前面介绍的制单方法，生成销售出库单凭证，如图 8-22 所示。

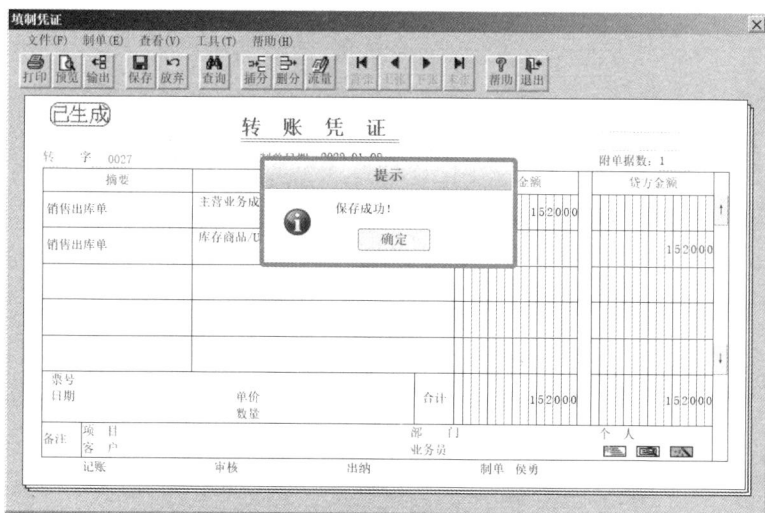

图 8-22 生成销售出库单凭证

5. 在销售模块填制、现收、复核销售专用发票

（1）执行"销售"→"销售发票"命令，根据业务信息填制销售专用发票，结果如图 8-23 所示。

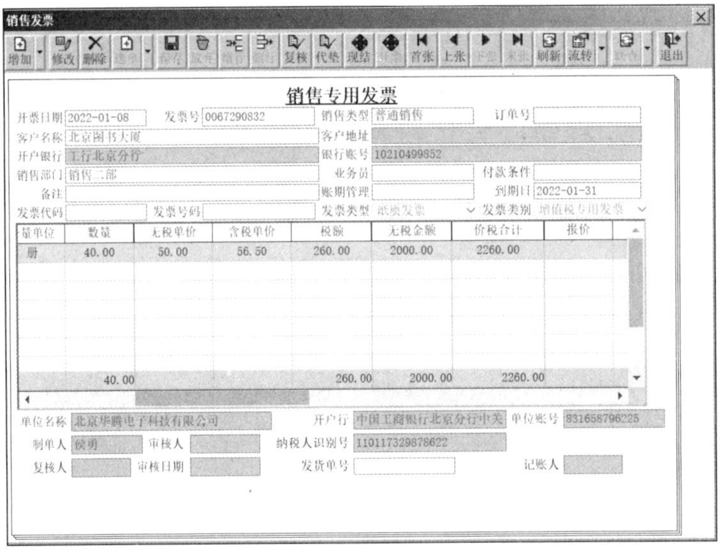

图 8-23 填制销售专用发票

（2）单击"现结"按钮，确定结算方式为"转账支票"，结算金额为"2260"，支票号为"90217647"，如图 8-24 所示，单击"确定"按钮。

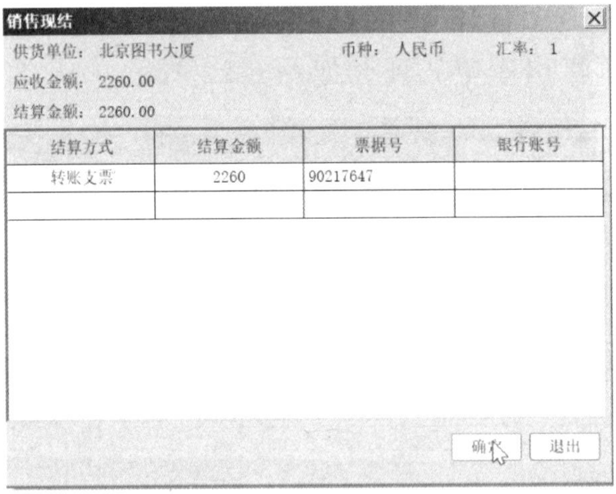

图 8-24 销售现结

（3）单击"复核"按钮，审核该销售专用发票。

6. 在核算模块对销售发票制单（现结制单）

执行"核算"→"凭证"→"客户往来制单"命令，打开"客户制单查询"对话框。选择"现结制单"，单击"确定"按钮返回"客户往来制单"窗口。选择要制单的记录，凭证类别选择"收款凭证"，单击"制单"按钮，生成销售发票收款凭证，如图 8-25 所示。

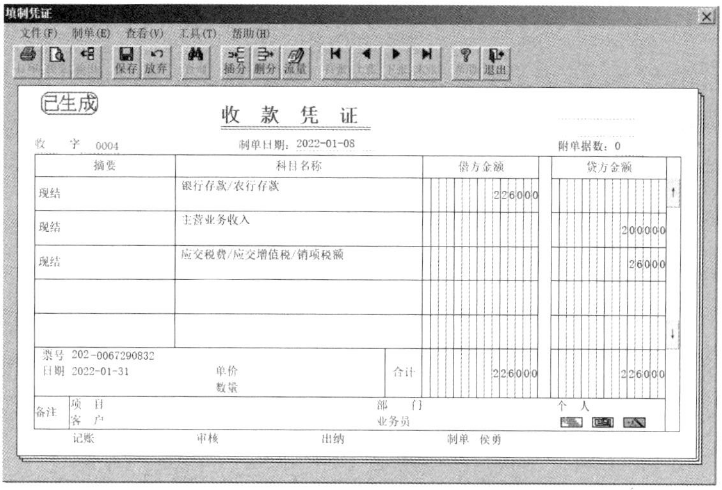

图 8-25 生成销售发票收款凭证

任务三 销售运费业务

任务描述

1 月 8 日，在向北京图书大厦销售商品过程中发生代垫运费 50 元，以现金方式支付。

任务准备

1. 由企业自身负担的运费业务

企业在销售商品过程中发生的由自身负担的运费处理起来相对简单，直接记入销售费用科目即可。其处理流程为：在总账模块直接填制记账凭证。

生成的会计分录如下。

借：销售费用

应交税费——应交增值税（进项税额）

　　贷：银行存款

2. 代垫销售运费业务

在销售业务中，有的企业随着货物的销售会发生代垫费用，如代垫运杂费、保险费等。代垫费用属于需要向客户收取的费用项目。对代垫费用的处理有两种方法。一种方法是以应税劳务的方式直接录入销售发票中，这样做的好处是能将代垫费用和销售发票直接关联起来，代垫费用还可以随同发票的核销分摊到货物中。另一种方法是通过系统中提供的代垫费用单单独录入，再到应收模块中进行收款处理。

在销售模块中仅对代垫费用的发生情况进行登记，收款核销在应收模块完成。代垫运费业务的处理流程如下。

（1）在销售模块填制并复核代垫费用单。

（2）在核算模块对代垫费用单制单（应收单制单）。

生成的会计分录如下。

借：应收账款
　　　贷：银行存款

微课 8-7

销售运费业务

任务实施

1. 在销售模块填制并复核代垫费用单

执行"销售"→"销售发票"命令，在打开的"销售发票"窗口找到相应的发票，单击"代垫"按钮，进入"代垫费用单"窗口。单击"增加"按钮，填制并复核代垫费用单，结果如图 8-26 所示。

图 8-26　填制并复核代垫费用单

2. 在核算模块对代垫费用单制单（应收单制单）

执行"核算"→"凭证"→"客户往来制单"命令，打开"客户制单查询"对话框，勾选"应收单制单"复选框，补充贷方科目"1001"，生成代垫费用单凭证，如图 8-27 所示。

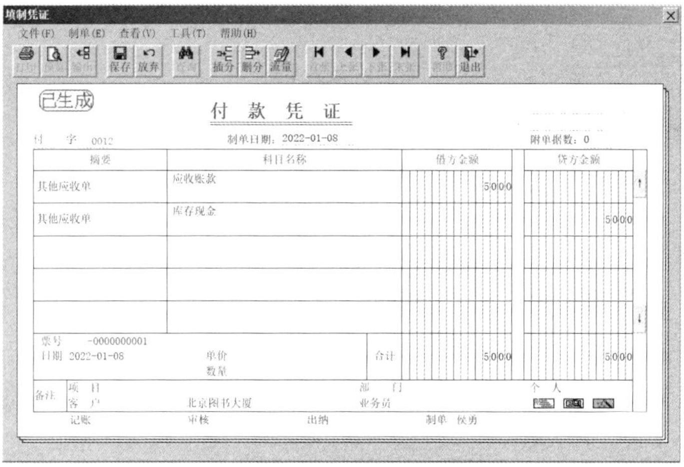

图 8-27 生成代垫费用单凭证

任务四 预收货款业务

任务描述

（1）1月12日，向天友电子技术公司销售 UU 移动课堂 500 套，无税单价 100 元，价款 50 000 元。收到转账支票一张，支票号 89026743，金额为销售订金 5 000 元。

（2）1月15日，向天友电子技术公司发出 UU 移动课堂 500 套，无税单价 100 元，价款 50 000 元，增值税税额 6 500 元（税率 13%），价税合计 56 500 元。货物从成品库发出，同时开出增值税专用发票一张，发票号 78209154。

（3）1月16日，收到天友电子技术公司转账支票一张，支票号 90217845，金额 51 500 元，为天友电子技术公司支付的购买 UU 移动课堂的余款。同日，结转销售订金。

任务准备

企业发生销售业务，在签订销售合同后，通常会要求购货方预付销售订金。此时需要先填制收款单（预收款），待货物出库和开出销售发票后，进行发货单、销售出库单和销售发票的处理，然后购货方将剩余货款支付给销货方，同时销货方结转预收的销售订金。

微课 8-8

预收货款业务

任务实施

1. 在销售模块填制收款单并进行预收处理

（1）执行"销售"→"客户往来"→"收款结算"命令，根据业务信息填制收款单，如图 8-28 所示。

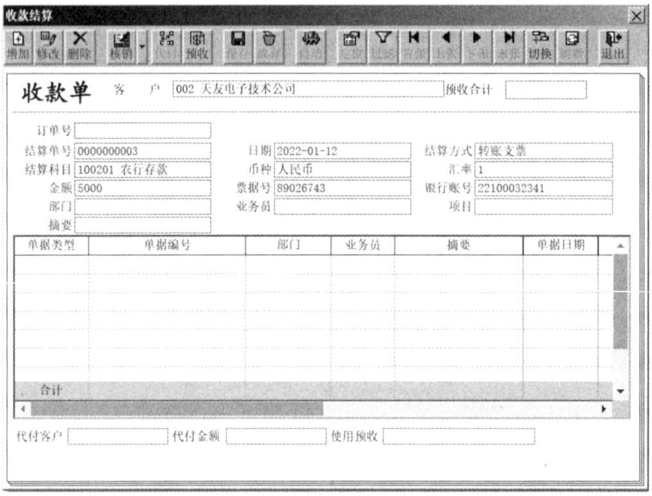

图 8-28 填制收款单

（2）单击"预收"按钮，进行预收处理。

2. 在核算模块对收款单制单（核销制单）

执行"核算"→"凭证"→"客户往来制单"命令，根据前面介绍的制单方法，选择"核销制单"，生成收款单凭证，如图 8-29 所示。

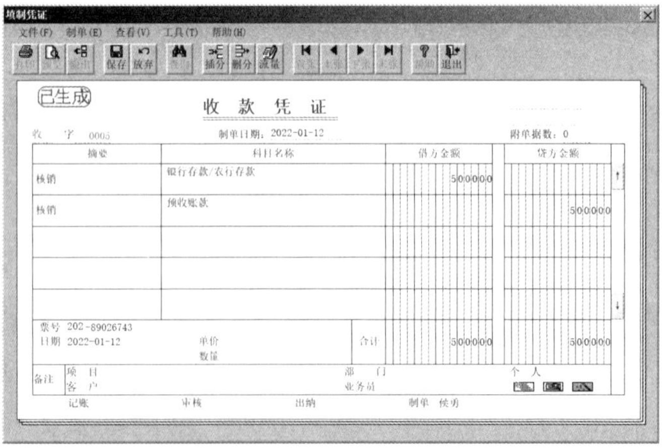

图 8-29 生成收款单凭证

3. 在销售模块填制并审核销售发货单

执行"销售"→"销售发货单"命令，根据业务信息填制并审核销售发货单，结果如图 8-30 所示。

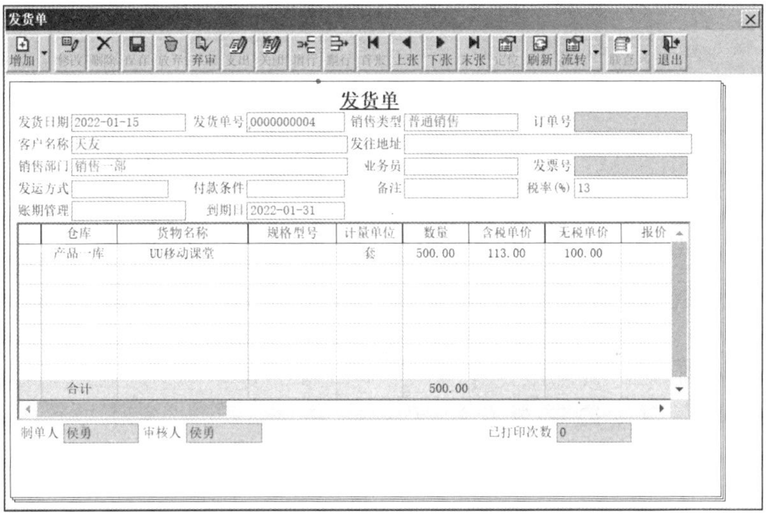

图 8-30　填制并审核销售发货单

4. 在库存模块审核销售出库单

执行"库存"→"销售出库单生成/审核"命令，审核销售出库单。

5. 在核算模块对销售出库单记账

执行"核算"→"核算"→"正常单据记账"命令，对该销售出库单记账，结果如图 8-31 所示。

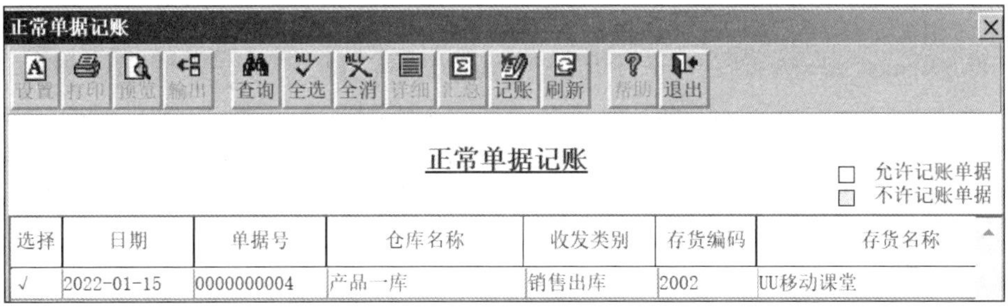

图 8-31　对销售出库单记账

6. 在核算模块对销售出库单制单

执行"核算"→"凭证"→"购销单据制单"命令，根据前面介绍的制单方法，选择"销售出库单"，生成销售出库单凭证，如图 8-32 所示。

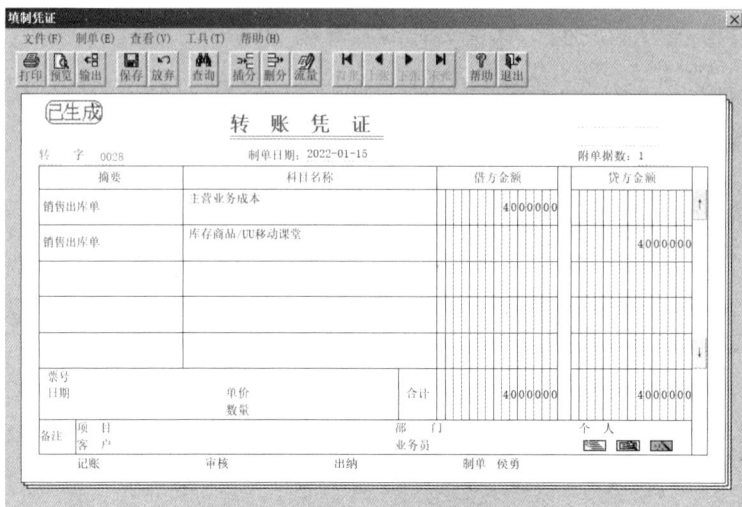

图 8-32　生成销售出库单凭证

7. 在销售模块生成并复核销售专用发票

执行"销售"→"销售发票"命令，参照发货单生成并复核销售专用发票，如图 8-33 所示。

图 8-33　生成并复核销售专用发票

8. 在核算模块对销售发票制单（发票制单）

执行"核算"→"凭证"→"客户往来制单"命令，根据前面介绍的制单方法，选择"发票制单"，生成销售发票凭证，如图 8-34 所示。

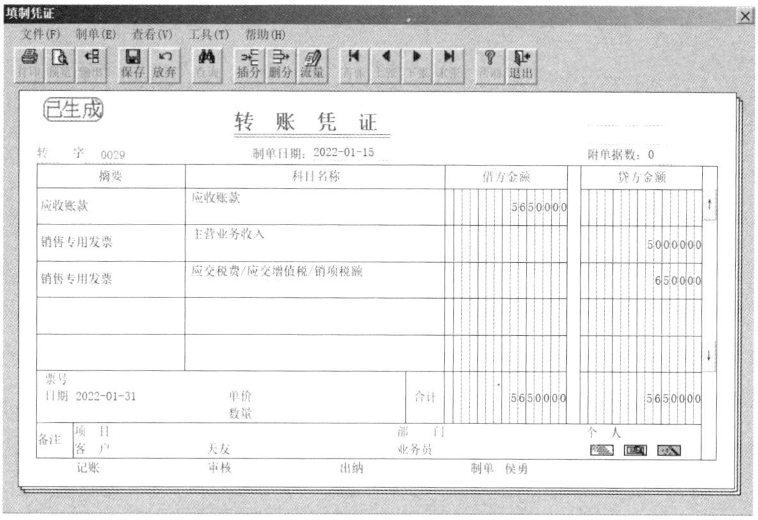

图 8-34 生成销售发票凭证

9. 在销售模块填制收款单并与对应发票进行核销

执行"销售"→"客户往来"→"收款结算"命令，根据业务信息填制收款单并与相应发票核销，本次结算金额为 56 500 元，结果如图 8-35 所示。

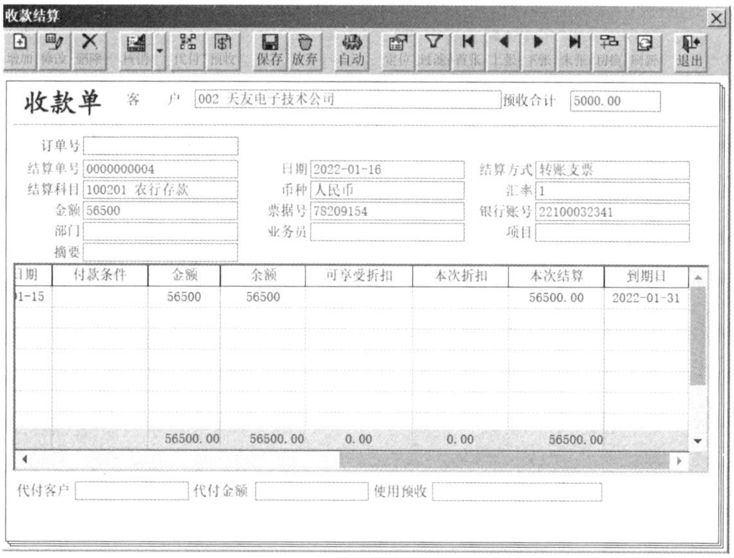

图 8-35 填制收款单并核销

10. 在核算模块对收款单制单（核销制单）

执行"核算"→"凭证"→"客户往来制单"命令，选择"核销制单"，生成收款单凭证，如图 8-36 所示。

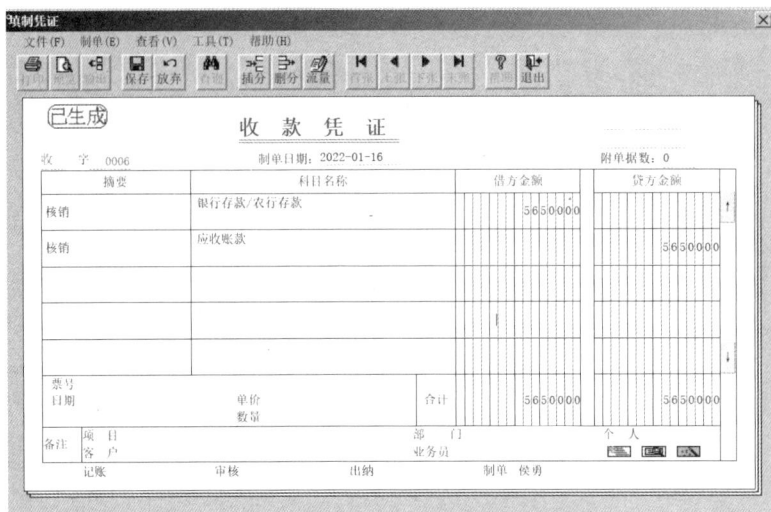

图 8-36　生成收款单凭证

11. 在销售模块进行预收冲应收处理

（1）执行"销售"→"客户往来"→"预收冲应收"命令，打开"预收冲应收"对话框，修改日期为"2022-01-16"。

（2）在"预收款"选项卡中，选择客户为"天友电子技术公司"。单击"过滤"按钮，输入转账金额"5000"，如图 8-37 所示。

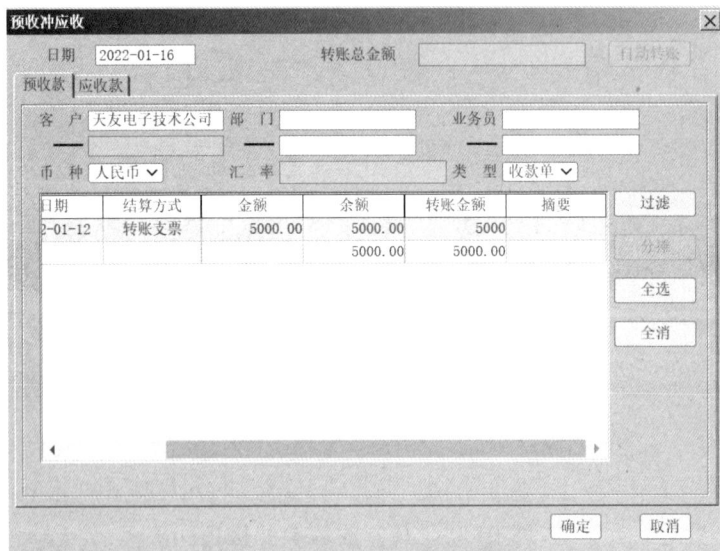

图 8-37　确定预收款转账金额

（3）在"应收款"选项卡中，单击"过滤"按钮，在 1 月 15 日单据所在行输入转账金额"56500"，然后单击"确定"按钮。

12. 在核算模块对预收冲应收处理制单（转账制单）

执行"核算"→"凭证"→"客户往来制单"命令，选择"转账制单"，生成预收冲应收凭证，如图 8-38 所示。

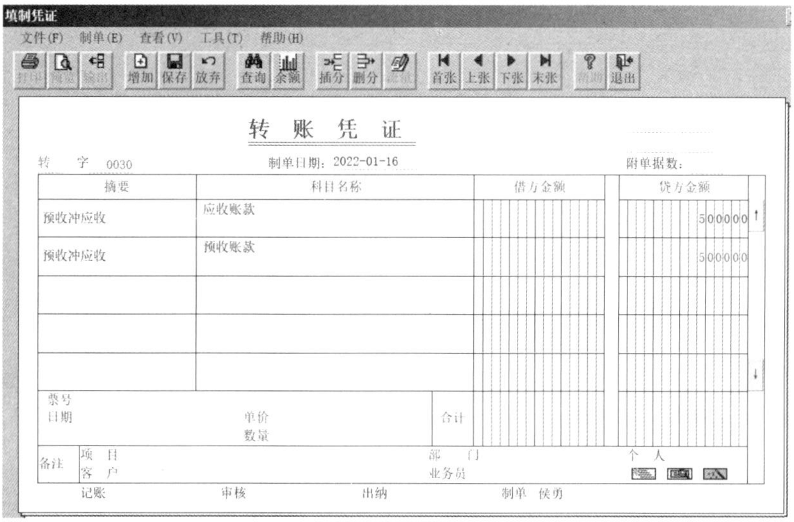

图 8-38 生成预收冲应收凭证

任务五 销售期末处理

任务描述

1 月 31 日，对销售与应付模块结账。

任务准备

销售期末处理主要是指月末结账，即将当月的单据数据封存。
结账后不允许再对该会计期的销售单据进行增加、修改、删除等处理。

任务实施

执行"销售"→"月末结账"命令，打开"月末结账"对话框，如图 8-39 所示。单击选中 1 月所在行，然后单击"结账"和"退出"按钮完成月末结账操作。

图 8-39　销售月末结账

课后实训

【实训目的】

1. 熟悉销售期末处理操作。

2. 掌握普通销售业务、销售现结业务、销售运费业务、预收货款业务等操作。

【实训要求】

以销售员张明（编号：106；密码：4）的身份进行销售与应收业务处理。

【实训内容】扫描二维码，获取详细内容。

实训八

销售与应收管理

项目九

库存与核算管理

学习目标

知识目标
- 掌握材料领用业务
- 理解产成品入库及产成品成本分配业务
- 掌握库存盘点业务
- 了解其他入库业务
- 了解库存期末处理和核算期末处理

能力目标
- 会材料领用业务操作
- 会产成品入库及产成品成本分配业务操作
- 会库存盘点业务操作
- 会其他入库业务操作
- 会库存期末处理操作

- 会核算期末处理操作

素养目标

- 能够独立思考、自主学习
- 培养克服困难、创造奇迹的精神

情景导入

北京华腾电子科技有限公司进行 2022 年 1 月的库存与核算业务处理。库管员江海北进行库存与核算业务的相关处理。

1. 材料领用业务

1 月 5 日，生产部向材料库领用复印纸 100 包，用于印刷常用软件工具使用导航，货物从材料库发出。

2. 产成品入库及产成品成本分配业务

（1）1 月 7 日，生产部生产的 UU 移动课堂 50 套完工，入产品一库。

（2）1 月 7 日，财务部提供的 UU 移动课堂 50 套的完工成本共计 4 000 元，进行成本分配。

3. 库存盘点业务

1 月 12 日，公司对材料库的所有存货进行盘点，盘点后，发现光盘少 20 张，经确认，该光盘的成本为 2 元/张。其他存货盘点数量与账面数量一致。

4. 其他入库业务

1 月 16 日，公司接受某电子公司捐赠的空白光盘 1 000 张，单价 5 元，入材料库。

任务学习

库存模块是 T3 软件购销存模块的组成部分，它的主要功能包括以下三个方面。一是日常收发存业务处理。库存模块可以实现对采购、销售及库存模块填制的各种出入库单据进行审核，并对存货的出入库数量进行管理；除此之外，还可以处理调拨业务、盘点业务、组装拆卸业务等。二是实现批次跟踪、供应商跟踪、保质期管理、货位管理等库存控制。三是实现库存账簿及统计分析。

任务一　材料领用业务

任务描述

1 月 5 日，生产部向材料库领用复印纸 100 包，用于印刷常用软件工具使用导航，货物从材料库发出。

任务准备

对于工业企业，材料出库单是领用材料时所填制的出库单据，当从仓库中领用材料用于生产时，就需要填制材料出库单。只有工业企业才有材料出库单，商业企业没有此单据。材料出库单可以手工增加，也可以配比出库，或根据限额领料单生成。

材料领用出库的业务流程如下。

（1）在库存模块填制并审核材料出库单。

（2）在核算模块对材料出库单记账。

（3）在核算模块对材料出库单制单。

生成的会计分录如下。

借：生产成本——直接材料

　　贷：原材料

微课 9-1

材料领用业务

任务实施

以库管员江海北的身份登录信息门户。输入或选择以下信息：操作员"106"，密码"6"，账套"［001］华腾科技"，会计年度"2022"，操作日期"2022-01-31"。

1. 在库存模块填制并审核材料出库单

（1）执行"库存"→"材料出库单"命令，打开"材料出库单"窗口。

（2）单击"增加"按钮，输入出库日期"2022-01-05"，选择仓库"材料库"、出库类别"材料领用出库"。

（3）选择材料编码"1002"，输入数量"100"。单击"保存"按钮，再单击"审核"按钮，如图 9-1 所示。单击"退出"按钮。

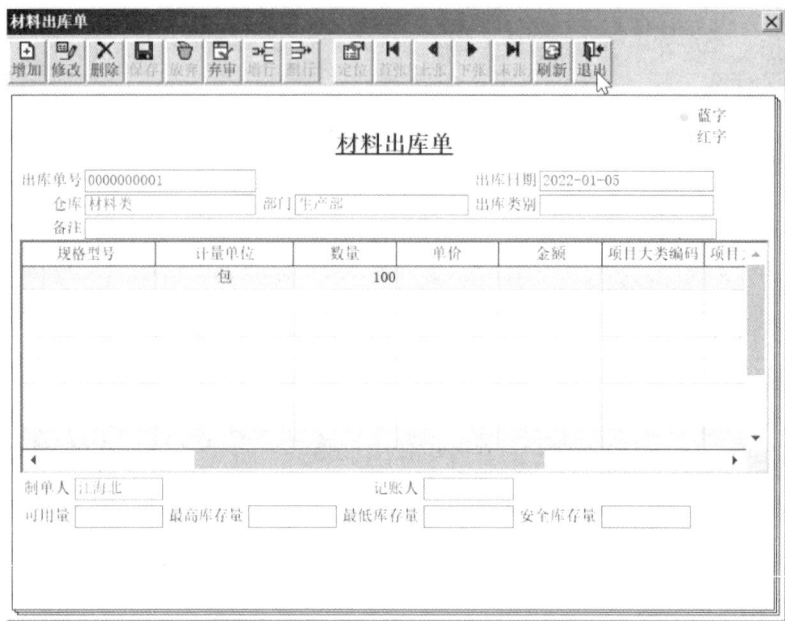

图 9-1　填制并审核材料出库单

2. 在核算模块对材料出库单记账

（1）执行"核算"→"核算"→"正常单据记账"命令，打开"正常单据记账条件"对话框。

（2）单击"确定"按钮，打开"正常单据记账"窗口。单击"全选"按钮，如图 9-2 所示。单击"记账"按钮，记账完毕，单击"确定"按钮。

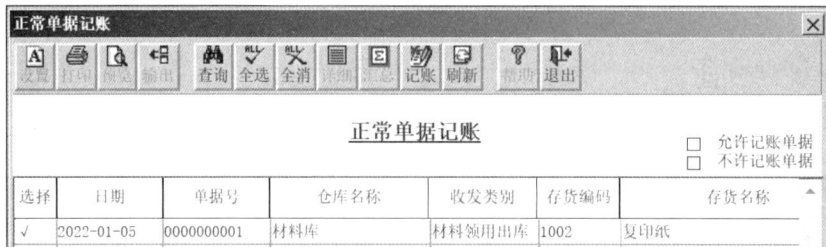

图 9-2　选择单据

3. 在核算模块对材料出库单制单

（1）执行"核算"→"凭证"→"购销单据制单"命令，打开"生成凭证"窗口。单击"选择"按钮，打开"查询条件"对话框。选择"（11）材料出库单"，如图 9-3 所示。

（2）单击"确定"按钮，打开"选择单据"窗口。选择"材料出库单"行，如图 9-4 所示。

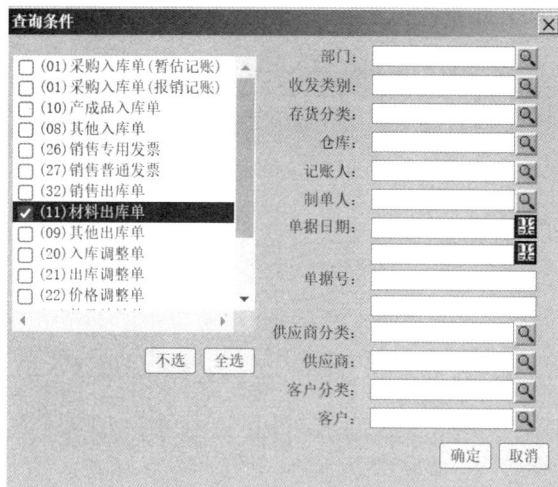

图 9-3 选择单据类型

图 9-4 选择材料出库单

（3）单击"确定"按钮，打开"生成凭证"窗口。选择凭证类别为"转"，将金额为 1 500 元的存货对方科目编码修改为"400101"，如图 9-5 所示。

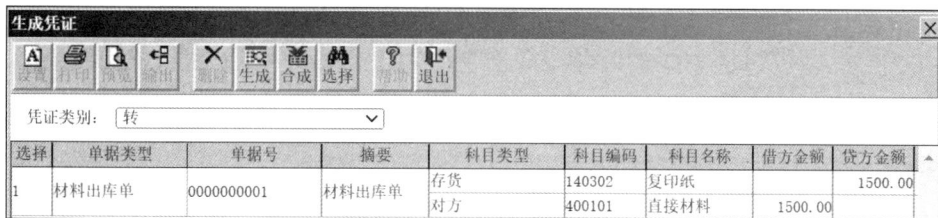

图 9-5 设置凭证模板

注意

若借贷方金额不正确，可双击手工更改。

（4）单击"生成"按钮，打开"填制凭证"窗口。修改制单日期为"2022-01-05"，补充"生产成本/直接材料"的项目辅助核算为"会计基础多媒体课件"，检查凭证其他信息无误后，单击"保存"按钮，生成材料出库单凭证，如图 9-6 所示。

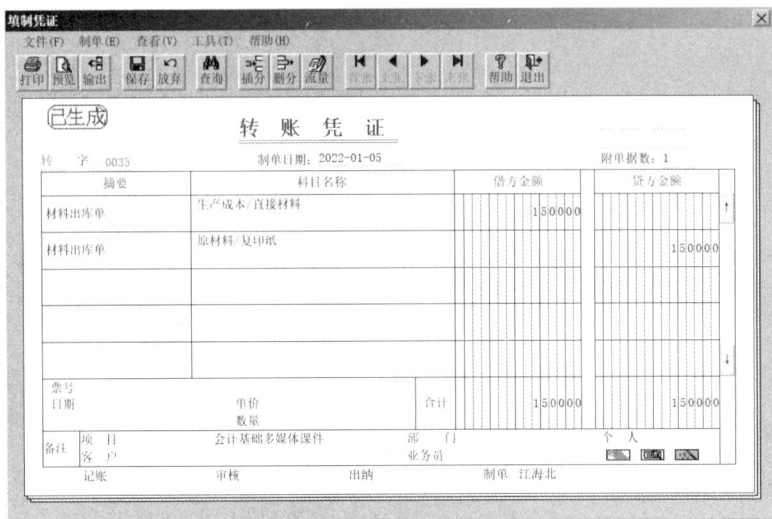

图 9-6　生成材料出库单凭证

注意

◆ 对于没有相同科目的分录行，可以使用"生成"按钮生成记账凭证。

◆ 对于有相同科目的分录行，可以使用"合成"按钮生成记账凭证，这样可以将相同科目的分录行合并。

任务二　产成品入库及产成品成本分配业务

任务描述

（1）1月7日，生产部生产的 UU 移动课堂 50 套完工，入产品一库。

（2）1月7日，财务部提供的 UU 移动课堂 50 套的完工成本共计 4 000元，进行成本分配。

任务准备

1．产成品入库业务

产成品入库单是管理工业企业的产成品入库、退回业务的单据。

对于工业企业，企业对原材料及半成品进行一系列的加工后，形成可销售的商品，然后验收入库。只有工业企业才有产成品入库单，商业企业没有此单据。

产成品一般在入库时是无法确定总成本和单位成本的，因此，在填制产成品入库单时，一般只有数量，没有单价和金额。

2．产成品成本分配业务

产成品成本分配即对已入库未记明细账的产成品进行成本分配。分配成本时，先求出平均单价，某存货的金额除以数量为此存货的单价；再将详细信息中此存货的每笔记录的数量乘以此单价，算出每笔记录的金额，填到对应的产成品入库单中。成本分配完后，直接退出，用户可以调出产成品入库单，查看成本分配的情况。

3．产成品入库及成本分配的业务流程

（1）在库存模块填制并审核产成品入库单。

（2）在核算模块进行产成品成本分配。

（3）在核算模块对产成品入库单记账。

（4）在核算模块对产成品入库单制单。

生成的会计分录如下。

借：库存商品
　　贷：生产成本——直接材料
　　　　　　　　——直接人工
　　　　　　　　——制造费用

任务实施

微课 9-2

产成品入库及成本
分配业务

1．在库存模块填制并审核产成品入库单

（1）执行"库存"→"产成品入库单"命令，打开"产成品入库单"窗口。

（2）单击"增加"按钮，输入入库日期"2022-01-07"，选择仓库"产品一库"、入库类别"产成品入库"、部门"生产部"。

（3）选择产品编码"2002"，输入数量"50"。

（4）单击"保存"按钮，再单击"审核"按钮，如图 9-7 所示。最后单击"退出"按钮。

图 9-7　填制并审核产成品入库单

✎ 注意

产成品入库单上无须填写单价，待分配产成品成本后会自动写入。

2. 在核算模块进行产成品成本分配

（1）执行"核算"→"核算"→"产成品成本分配"命令，打开"产成品成本分配表"窗口。

（2）单击"查询"按钮，再单击"确定"按钮，选择相应的产成品入库单，单击"确定"按钮。

（3）在"UU 移动课堂"记录行"金额"栏中输入"4000"，如图 9-8 所示。

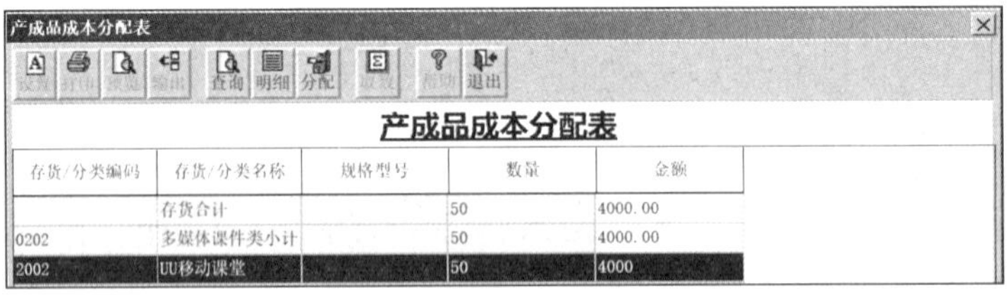

图 9-8　产成品成本分配

（4）单击"分配"按钮，再单击"确定"按钮。

3. 在核算模块对产成品入库单记账

执行"核算"→"核算"→"正常单据记账"命令，对销售出库单记账，如图 9-9 所示。

图 9-9　对产成品入库单记账

4. 在核算模块对产成品入库单制单

执行"核算"→"凭证"→"购销单据制单"命令，选择"产成品入库单"，按要求补充贷方科目及金额，并补充贷方科目的项目辅助核算为"大数据多媒体课件"，生成产成品入库单凭证，如图 9-10 所示。

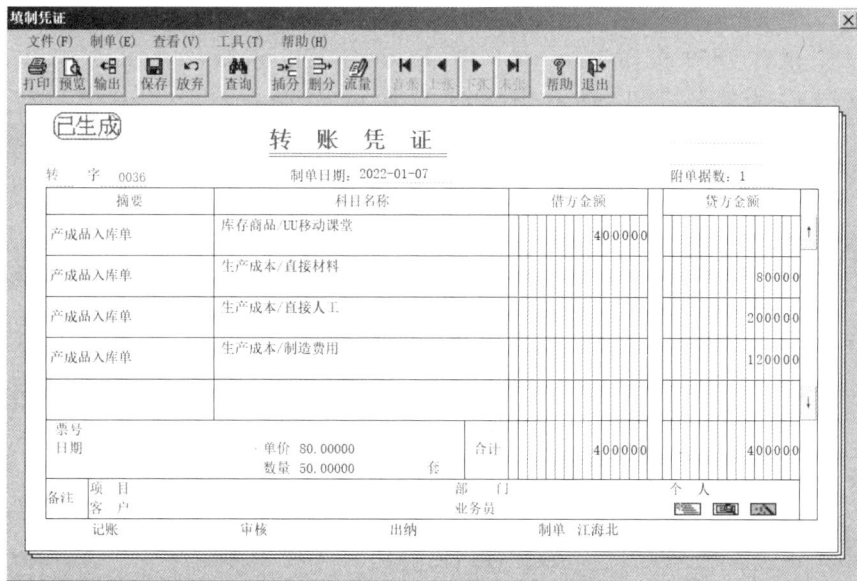

图 9-10　生成产成品入库单凭证

📝注意

若产成品成本在直接材料、直接人工、制造费用之间的分配比例为 20%、50%、30%，则会计分录如下。

借：库存商品　　　　　　　　　　　4 000
　　贷：生产成本——直接材料　　　　800（4 000×20%）
　　　　　　　　——直接人工　　2 000（4 000×50%）
　　　　　　　　——制造费用　　1 200（4 000×30%）

任务三 库存盘点业务

任务描述

1 月 12 日，公司对材料库的所有存货进行盘点，盘点后，发现光盘少 20 张，经确认，该光盘的成本为 2 元/张。其他存货盘点数量与账面数量一致。

任务准备

库存模块中提供了盘点单用来定期对仓库中的存货进行盘点。存货盘点报告表，是证明企业存货盘盈、盘亏或毁损，据以调整存货实存数的书面凭证，经企业领导批准后，即可作为原始凭证入账。

库存盘点功能提供两种盘点方法：按仓库盘点和按批次盘点。用户还可对各仓库或批次中的全部或部分存货进行盘点，盘盈、盘亏的结果可自动生成出入库单。

库存盘点的业务处理流程如下。

（1）在库存模块中填制并审核盘点单。

（2）在库存模块中对由盘点单生成的其他出入库单进行审核。

（3）在核算模块中对其他出入库单进行记账。

（4）在核算模块中对其他出入库单制单。

任务实施

微课 9-3

库存盘点业务

1. 在库存模块中填制并审核盘点单

（1）执行"库存"→"库存其他业务"→"库存盘点"命令，打开"盘点单"窗口。

（2）单击"增加"按钮，输入单据日期和盘点日期"2022-01-12"，选择盘点仓库"材料库"。

（3）单击"盘库"按钮，再单击"确定"按钮。

（4）修改存货"1001"的盘点数量为"10180"。

（5）单击"保存"按钮，再单击"审核"按钮，如图 9-11 所示。

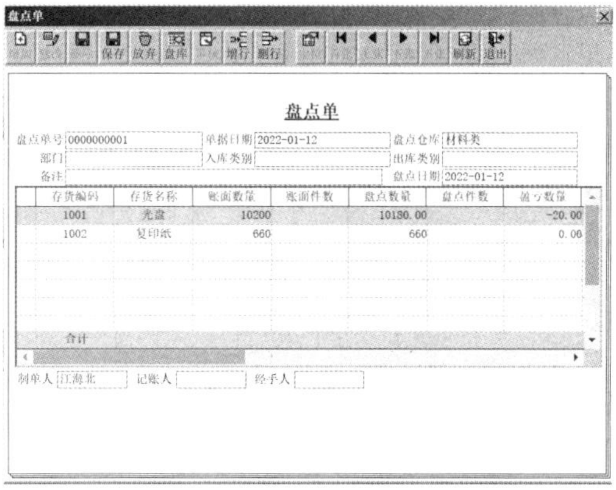

图 9-11　填制并审核盘点单

2. 在库存模块中对由盘点单生成的其他出库单进行审核

执行"库存"→"其他出库单"命令，找到相应的出库单，单价输入"2"，金额输入"40"，单击"保存"按钮后再单击"审核"按钮，如图 9-12所示。最后单击"退出"按钮。

图 9-12　审核其他出库单

3. 在核算模块中对其他出库单记账

执行"核算"→"核算"→"正常单据记账"命令，对其他出库单记账，如图 9-13 所示。

4. 在核算模块中对其他出库单制单

（1）执行"核算"→"凭证"→"购销单据制单"命令，打开"生成凭证"窗口。单击"选择"按钮，打开"查询条件"对话框。选择"（09）其他出库单"，如图 9-14 所示。

图 9-13　对其他出库单记账

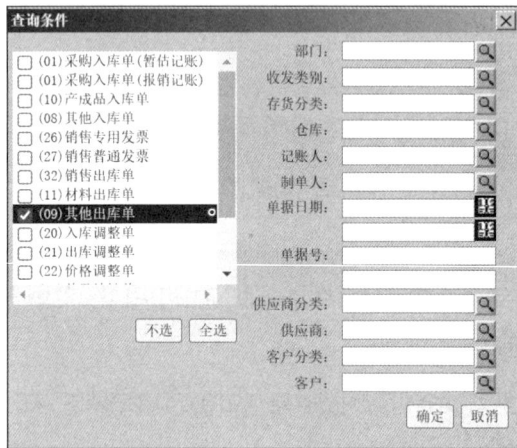

图 9-14　选择单据类型

（2）单击"确定"按钮，打开"选择单据"窗口。选择单据日期为"2022-01-12"的"其他出库单"行，如图 9-15 所示。

图 9-15　选择其他出库单

（3）单击"确定"按钮，打开"生成凭证"窗口。选择凭证类别为"转"，补充对方科目编码为"1901"，修改存货科目编码为"140301"，如图 9-16 所示。

图 9-16　设置凭证模板

（4）单击"生成"按钮，打开"填制凭证"窗口。修改制单日期为"2022-01-12"，补充贷方科目"22210107"，贷方金额"5.2"，"待处理财产损溢"科目金额改为"45.2"，检查凭证其他信息无误后，单击"保存"按钮，生成其他出库单凭证，如图 9-17 所示。

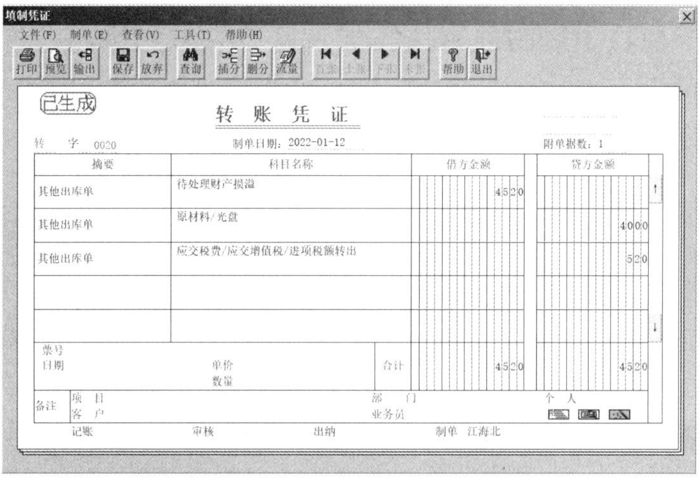

图 9-17　生成其他出库单凭证

任务四　其他入库业务

任务描述

1 月 16 日，公司接受某电子公司捐赠的空白光盘 1 000 张，单价 5 元，入材料库。

任务准备

其他入库业务指除了采购入库、产成品入库之外的其他入库业务，如调拨入库、盘盈入库、组装拆卸入库、形态转换入库等业务。

需要注意的是，调拨入库、盘盈入库、组装拆卸入库、形态转换入库等业务可以自动形成相应的其他入库单，除此之外的其他入库单由用户填制。

此处讲解的是需要由用户手工填制其他入库单的业务，如接受捐赠入库业务。其他入库业务的处理流程如下。

（1）在库存模块中填制并审核其他入库单。

（2）在核算模块中对其他入库单记账。

（3）在核算模块中对其他入库单制单。

微课 9-4

其他入库业务

任务实施

1. 在库存模块中填制并审核其他入库单

（1）执行"库存"→"其他入库单"命令，打开"其他入库单"窗口。

（2）单击"增加"按钮，输入入库日期"2022-01-16"，选择仓库"材料库"。

（3）选择存货编码"1001"，输入数量"1000"、单价"5"。

（4）单击"保存"按钮，再单击"审核"按钮，如图 9-18 所示。

图 9-18　填制并审核其他入库单

2. 在核算模块中对其他入库单记账

执行"核算"→"核算"→"正常单据记账"命令，对其他入库单记账，如图 9-19 所示。

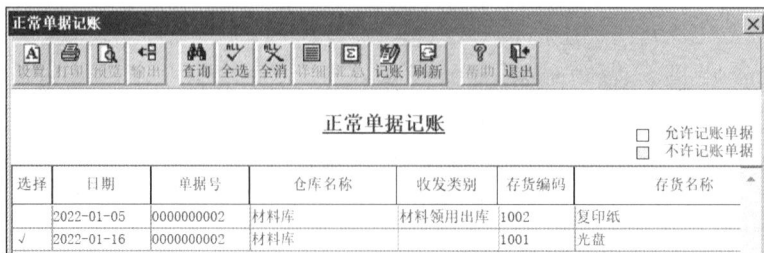

图 9-19　对其他入库单记账

3. 在核算模块中对其他入库单进行制单

（1）执行"核算"→"凭证"→"购销单据制单"命令，打开"生成凭证"窗口。单击"选择"按钮，打开"查询条件"对话框。选择"（08）其他入库单"，如图 9-20 所示。

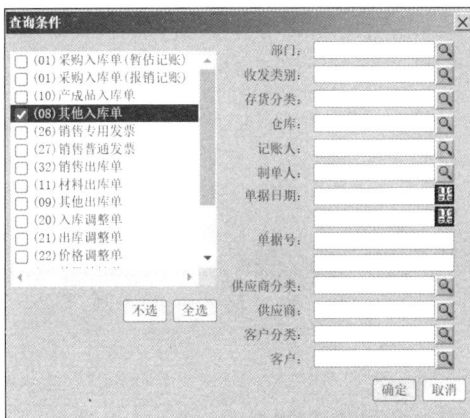

图 9-20 选择单据类型

（2）单击"确定"按钮，打开"选择单据"窗口。选择单据日期为"2022-01-16"的"其他入库单"行，如图 9-21 所示。

图 9-21 选择其他入库单

（3）单击"确定"按钮，打开"生成凭证"窗口。选择凭证类别为"转"，补充对方科目编码为"530105"，如图 9-22 所示。

图 9-22 设置凭证模板

（4）单击"生成"按钮，打开"填制凭证"窗口。修改制单日期为"2022-01-16"，检查凭证其他信息无误后，单击"保存"按钮，生成其他入库单凭证，如图 9-23 所示。

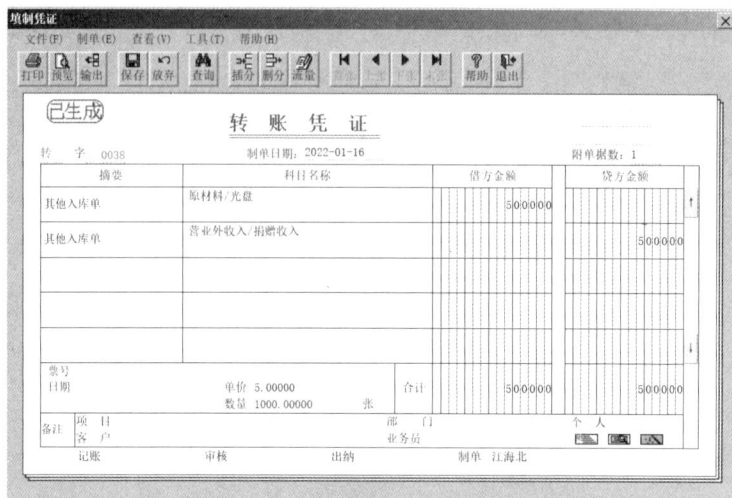

图 9-23　生成其他入库单凭证

任务五　库存期末处理

任务描述

1 月 31 日，对库存模块月末结账。

任务准备

库存期末处理主要是月末结账，即将每月的出入库单据逐月封存，并将当月的出入库数据记入有关账表中。结账只能每月进行一次。结账后本月不能再填制库存单据。

库存模块结账前先要对采购与应付、销售与应收模块进行期末结账。

任务实施

（1）执行"采购"→"月末结账"命令，对采购模块 1 月结账。

（2）执行"销售"→"月末结账"命令，对销售模块 1 月结账。

（3）执行"库存"→"月末结账"命令，打开"月末结账"对话框。单击"结账"按钮，1 月对应的"已经结账"栏显示"是"标记，如图 9-24 所示。单击"退出"按钮退出。

图 9-24　库存月末结账

任务六　核算期末处理

任务描述

1 月 31 日，对核算模块进行期末处理并结账。

任务准备

核算模块的月末处理工作包括期末处理和月末结账两部分。

1. 期末处理

当核算模块日常业务全部完成后，进行期末处理，主要是对仓库进行期末处理。系统自动计算全月平均单价及本会计月的出库成本，自动计算差异率（差价率）及本会计月的分摊差异/差价，并对已完成日常业务的仓库/部门做处理标志。

2. 月末结账

核算模块必须在采购模块、销售模块、库存模块结账后才能进行期末处理，才能结账。

任务实施

1. 期末处理

（1）执行"核算"→"月末处理"命令，打开"月末处理"对话框，单击"全选"按钮，如图 9-25 所示。

（2）单击"确定"按钮，系统提示期末处理完毕，单击"取消"按钮退出。

2. 月末结账

（1）执行"核算"→"月末结账"命令，打开"月末结账"对话框，如图 9-26 所示。

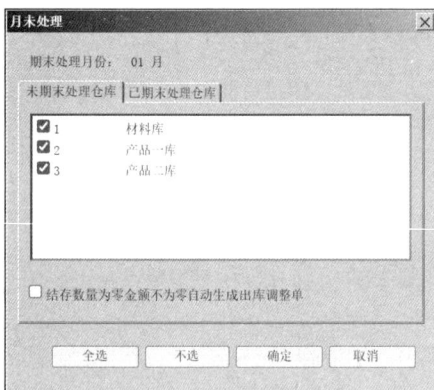

图 9-25 月末处理

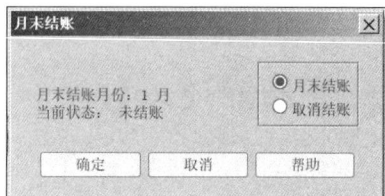

图 9-26 月末结账

（2）单击"确定"按钮，系统提示结账成功，单击"取消"按钮退出。

课后实训

【实训目的】

1. 熟悉其他入库、其他出库等业务操作。

2. 掌握材料领用、产成品入库及产成品成本分配、库存盘点等业务操作。

【实训要求】

以库管员李梅（编号：108；密码：8）的身份进行库存与核算业务处理。

【实训内容】扫描二维码，获取详细内容。

实训九

库存与核算管理

项目十

报表管理

情景导入

北京华腾电子科技有限公司完成了 2022 年 1 月的总账、工资、固定资产、采购、销售、库存管理的相关工作，准备编制财务报表。

1. 业务分工

账套主管丁力负责编制财务报表，会计秦艳参与学习编制财务报表。

2. 自定义报表

下面由账套主管丁力带领大家先练习编制一张货币资金表并试着设计报表公式。货币资金表格式如表 10-1 所示。

表 10-1　货币资金表

	A	B	C
1		货币资金表	
2	编制单位：华腾科技	××××年	××月
3	项目	期初数	期末数
4	库存现金		
5	银行存款		
6	合计		

3. 利用模板编制财务报表

（1）编制资产负债表。

（2）编制利润表。

任务学习

　　财务报表是综合反映企业特定日期的财务状况和一定时期经营成果、现金流量信息的书面文件，是企业经营活动的总结。作为企业财务会计报告核心内容的财务报表，它为企业内部各管理部门及外部相关部门提供了最为重要的会计信息，有利于报表使用者进行管理和决策。

　　在报表模块既可编制对外报表，又可编制各种内部报表。在报表模块中可以设计报表格式和报表公式，通过公式可以自动从总账模块或其他模块中取得各种数据，同时也可对报表进行审核、汇总、生成各种分析图，并按预定格式输出各种财务报表。其中，设置关键字、定义计算公式、生成报表数据、利用模板编制财务报表是重点内容。

任务一　自定义报表

子任务一　报表基本概念

任务描述

启用报表模块，创建一个报表文件存放在"考生文件夹"下，文件名为"货币资金表.rep"。

任务准备

1. 格式状态和数据状态

报表模块具有两种工作状态，分别是格式状态和数据状态。当前状态在屏幕左下角用红字表示。在格式状态下可定义报表的格式和公式，包括设置表尺寸、定义行高列宽、设置单元属性、组合单元、设置公式、设置关键字等。在数据状态下可管理报表的数据，如输入数据、增加或者删除表页、报表重算、报表审核、舍位平衡、数据透视、汇总、合并报表等。单击左下角红字按钮，可进行两种状态的切换。

2. 单元

单元是组成报表的最小单位，单元名称由所在行、列表示，与 Excel 中单元格的表示方法一样。单元类型有数值单元、字符单元和表样单元三种。

数值单元用于存放报表的数值型数据，其可在数据状态下输入或由单元中存放的计算公式运算生成。

字符单元用于存放报表的字符型数据。其内容可以是汉字、字母、数字及各种键盘可输入的符号组成的一串字符。字符单元可在数据状态下输入或由计算公式生成。

表样单元用于存储报表的格式，是定义一个没有数据的空表所需的全部文字、符号或数字。

3. 表页

每一张表页是由许多单元组成的。一个报表中的所有表页具有相同的格式，但其中的数据可以不同。例如，一张利润表，有三张表页，每张表页都具有相同的利润表格式，但每张表页的数据是不一样的，第一页生成的是 1 月的利润表数据，第二页生成的是 2 月的利润表数据。

报表中表页的序号在表页的下方以标签的形式出现，称为"页标"。表页的表达方式为@页号，例如：当前表的第 2 页，可以表示为@2。

4. 关键字

在报表模块中，关键字是连接一张空表和有数据报表的纽带，可以通过关键字来唯一标识一张表页，用于在大量表页中快速选择表页。通常可以将引起报表数据发生变化的项目定义为关键字，如一张报表中，可以将年、月、日定义为关键字。

通常关键字可以有以下几种。

（1）单位名称：该报表表页编制单位的名称。

（2）单位编号：该报表表页编制单位的编号。

（3）年：该报表表页反映的年度。

（4）季：该报表表页反映的季度。

（5）月：该报表表页反映的月份。

（6）日：该报表表页反映的日期。

除了以上常见的关键字之外，系统通常还会提供自定义关键字功能，方便用户灵活定义并运用这些关键字。

关键字的显示位置在格式状态下设置，关键字的值则在数据状态下录入，每张报表可以定义多个关键字。

5. 函数

在报表模块中，函数的作用是从各处取数，自动生成报表数据，因此函数是计算公式中的重要构成要素。

（1）自总账模块取数的函数（账务函数）。

账务函数通常用来采集总账模块中的数据，因此使用较为频繁。账务函数的基本格式为：

函数名（"科目编码",会计期间,["方向"],[账套号],[会计年度],[编码1],[编码 2]）。

该函数的各参数属性说明如下。

- 科目编码可以是科目名称，可用双引号括起来，也可不用。
- 会计期间可以是"年""季""月"等变量，也可以是具体表示年、季、月的数字。

- 方向即"借"或"贷"，可以省略。
- 账套号为数字，缺省时默认为当前账套。
- 会计年度即数据取数的年度，可以省略。
- 编码1、编码2与科目编码的核算账类有关，可以取科目的辅助账，如职员编码、项目编码等，如无辅助核算则省略。

主要账务函数如表10-2所示。

表 10-2　主要账务函数

账务函数	金额式	数量式	外币式
期初额函数	QC()	sQC()	wQC()
期末额函数	QM()	sQM()	wQM()
发生额函数	FS()	sFS()	wFS()
累计发生额函数	LFS()	sLFS()	wLFS()
条件发生额函数	TFS()	sTFS()	wTFS()
对方科目发生额函数	DFS()	sDFS()	wDFS()
净额函数	JE()	sJE()	wJE()
汇率函数	HL()		

（2）统计函数。

统计函数一般用来完成报表数据的统计工作，如报表中的"合计"项等。常用统计函数有合计函数 PTOTAL()、平均值函数 PAVG()、最大值函数 PMAX()、最小值函数 PMIN()。

（3）本表他页取数函数。

本表他页取数函数用于从同一报表文件的其他表页中采集数据。

（4）从其他报表取数。

从其他报表取数是指当前表页的数据来自其他报表。

任务实施

以账套主管丁力身份登录信息门户。输入或选择如下信息：操作员"101"，密码"1"，账套"[001]华腾科技"，会计年度"2022"，操作日期"2022-01-31"。

（1）单击"财务报表"菜单项，在"新建报表"窗口中单击"取消"按钮，打开"新报表"窗口，如图10-1所示。

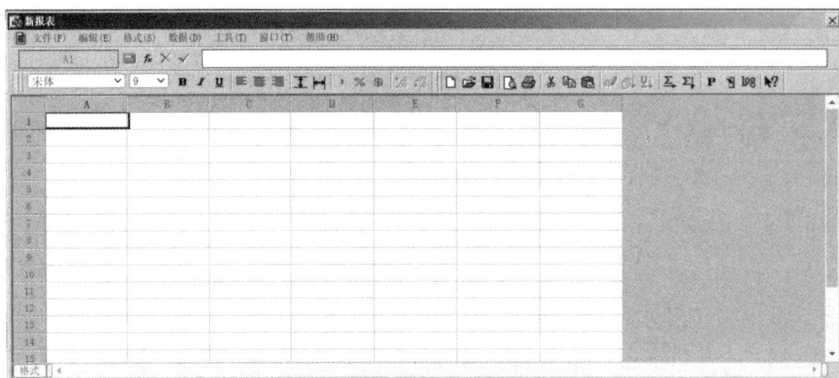

图 10-1　新建财务报表

（2）执行"文件"→"保存"命令，默认保存位置"考生文件夹"，输入文件名"货币资金表"，单击"保存"按钮。

（3）单击报表左下角的"格式"→"数据"按钮，可进行数据和格式状态的切换。

子任务二　设置报表格式

任务描述

按表 10-1 的样式设置报表格式。

> 说明
>
> 将年、月设置为关键字。

任务准备

报表格式就是一张空白表格所具有的样子。报表格式设计需在格式状态进行，整个报表文件的所有表页格式都相同。报表格式设计主要包括设置报表尺寸、设置组合单元、画表格线、输入报表项目、设置行高列宽、设置单元属性和设置关键字等内容。

1. 设置报表尺寸

报表尺寸指的是报表的总行数和总列数，报表尺寸决定了报表外观的大小。企业需要根据要编制报表的实际需要来设计报表尺寸。

2. 设置组合单元

组合单元是将多个相邻的单元组合成一个单元，有些内容如标题、编制单位、日期及货币单位等可能在一个单元容纳不下，所以为了实现这些内容的输入和显示，需要设置组合单元。

3. 画表格线

表格创建之后，在打印输出报表时是没有任何表格线条的，为了满足查询和打印的需要，还需要在适当的位置画表格线。画表格线通常是通过"区域画线"的功能来实现的，画线的类型包括"网线""横线""竖线""框线""正斜线""反斜线"。

4. 输入报表项目

报表项目是指报表的固定文字内容，主要包括表头、表体、表尾等。输入报表项目后单元类型为表样单元。

5. 设置行高列宽

此功能用于调整报表行高和列宽，使报表更美观。

6. 设置单元属性

单元属性（格式）包括单元格类型、对齐方式、字体及颜色等。其中，单元格类型一般分为数值型、字符型和表样型三种。

7. 设置关键字

关键字是可以引起报表数据发生变化的项目，是报表中特殊的格式，可以用于唯一标识一张表页，用于在大量表页中快速定位或选择表页，以此为依据从总账模块中取数。

关键字主要有六种：单位名称、单位编号、年、季、月、日。另外，还可以自定义关键字，可根据报表的实际要求任意设置相应的关键字。

关键字的设置和取消在格式状态下进行，而输入关键字的具体值是在数据状态下进行的。

微课 10-1

设置报表格式

任务实施

单击报表左下角的"数据"按钮，将当前状态设置为格式状态。

（1）执行"格式"→"表尺寸"命令，设置表尺寸为6行3列。

（2）选择区域"A1:C1"，执行"格式"→"组合单元"命令，合并单元格。

（3）选择区域"A3:C6"，执行"格式"→"区域画线"命令，将表格画线。

（4）按资料要求，输入报表项目（注意：最好在编辑栏中输入、修改和删除报表项目）。

（5）根据需要，调整报表行高和列宽。

（6）执行"格式"→"单元属性"命令，设置报表项目的字体、字号、对齐等内容。

（7）执行"数据"→"关键字"→"设置"命令，在B2单元格中设置"年"关键字，在C2单元格中设置"月"关键字。

（8）执行"文件"→"保存"命令，将设置好的报表格式再次保存到"货币资金表"文件中。

（9）报表格式设置完毕，如图10-2所示。

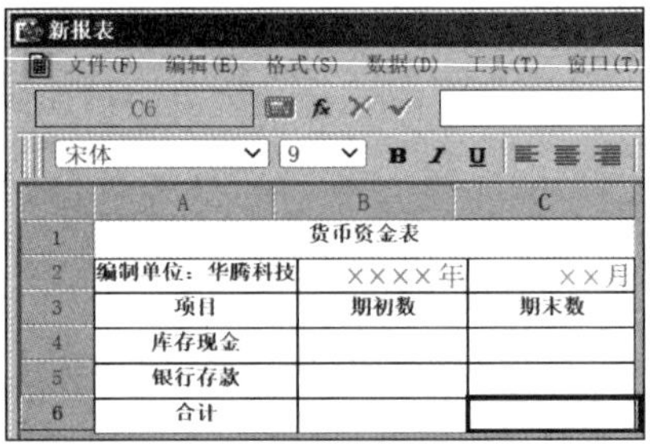

图 10-2　设置报表格式

子任务三　设置报表公式

任务描述

设置报表计算公式。报表计算公式如下。

B4=QC("1001","月","借",,"年",,,,"否")

C4=QM("1001","月","借",,"年",,,,"否")

B5=QC("1002","月","借",,"年",,,,"否")

C5=QM("1002","月","借",,"年",,,,"否")

B6=B4+B5

C6=C4+C5

说明

　　公式中的标点符号均为英文状态下的标点符号。

任务准备

由于各报表数据之间存在着密切的逻辑关系，所以，报表中各种数据的采集、运算和勾稽关系的检测就会用到不同的公式。报表公式主要有计算公式、审核公式。

1. 计算公式

计算公式决定报表数据的来源，是自动生成报表数据的关键。其工作过程是从系统的账簿、凭证等处采集数据，直接填入表中相应的单元或经过简单计算填入相应的单元。

2. 审核公式

审核公式用于审核验证数据的正确性。财务报表中的数据往往存在一定的勾稽关系，如资产负债表中的资产合计应等于负债及所有者权益合计。

任务实施

微课 10-2

设置报表公式

1. 引导输入计算公式

（1）在"格式"状态下，选中"B4"单元格。

（2）单击"fx"按钮或执行"数据"→"编辑公式"→"单元公式"命令，打开"定义公式"对话框。

（3）单击"函数向导"按钮，打开"函数向导"对话框。

（4）在"函数分类"列表框中选择"账务函数"，在右边的"函数名"列表框中选中"期初(QC)"，如图 10-3 所示。

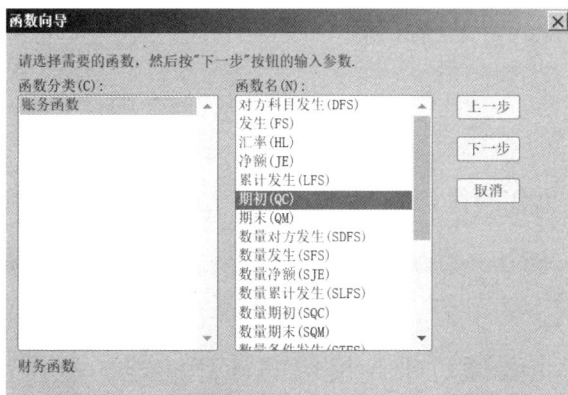

图 10-3　引导输入计算公式——选择函数

（5）单击"下一步"按钮，打开"财务函数"对话框，单击"参照"按钮。

（6）在"财务函数"对话框中修改科目编码为"1001"，如图10-4所示，其他参数默认。单击"确定"按钮，返回上一个对话框。

（7）单击"确定"按钮，返回"定义公式"对话框，单击"确认"按钮。

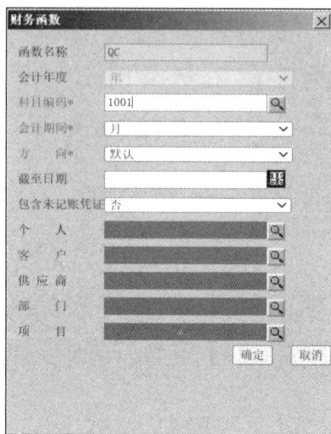

2．直接输入计算公式

（1）在"格式"状态下，选中"C4"单元格。

（2）执行"数据"→"编辑公式"→"单元公式"命令或单击"fx"按钮，打开"定义公式"对话框。

图 10-4　引导输入计算公式——确定科目

（3）在"定义公式"对话框内直接输入公式：QM("1001","月","借",,"年",,,,"否")，单击"确认"按钮，如图10-5所示。

（4）同理，直接输入 B5、C5、B6、C6 单元格的计算公式。

（5）报表公式设置完毕后，保存报表。

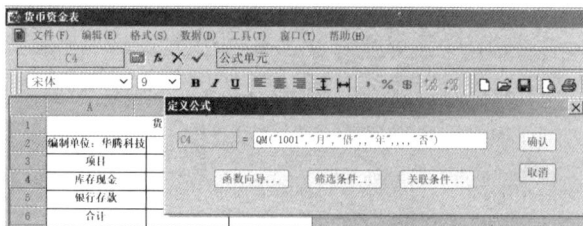

图 10-5　直接输入计算公式

子任务四　生成报表数据

任务描述

输入关键字"2022年1月"，生成2022年1月的货币资金表。

任务准备

生成报表数据主要通过报表模块的计算功能，利用前面设置的报表计算公式对报表数据进行自动计算。

生成报表数据分成两步：一是输入关键字，二是表页重算。

任务实施

（1）单击左下角"格式"按钮，切换到数据状态，执行"数据"→"关键字"→"录入"命令，打开"录入关键字"对话框。

（2）输入年"2022"，月"1"，如图 10-6 所示。

（3）单击"确定"按钮，生成 2022 年 1 月的货币资金表，如图 10-7 所示。

（4）生成报表数据后，保存报表。

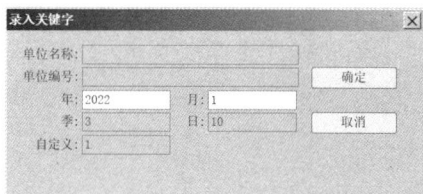

图 10-6 生成报表数据——录入关键字

图 10-7 生成报表数据——货币资金表

任务二 调用模板编制资产负债表

任务描述

通过报表模板编制 2022 年 1 月 31 日的资产负债表。

任务准备

财务报表包括外部报表和内部报表，资产负债表、利润表和现金流量表是三张主要的对外财务报表，而这些报表的格式是国家会计制度统一规定的。报表模块为了简化用户的报表格式设计工作，一般会预先设置一系列的报表模板以供用户选择使用。报表模板即报表格式和报表公式已经设置好的报表。系统提供了 19 个行业的 70 多张标准财务报表模板，用户可以利用报表模板迅速建立一张符合本企业需要的财务报表。

📖 **任务实施**

（1）执行"文件"→"新建"命令，打开"新建报表"对话框，在"模板分类"列表框中选择"2013 小企业会计准则"，在右侧列表框中选择"资产负债表"，如图 10-8 所示。

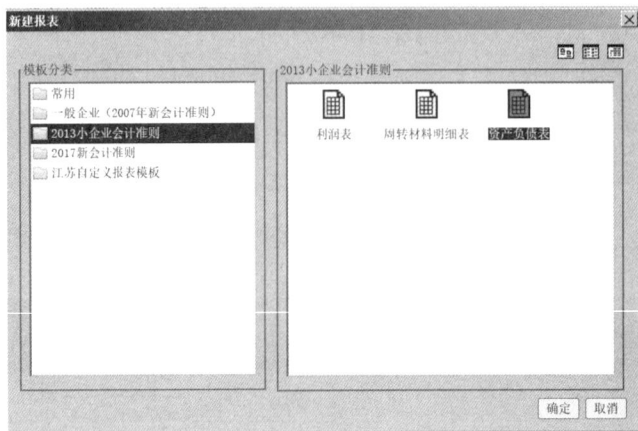

图 10-8　调用资产负债表模板

微课 10-3

调用模板编制资产
负债表

（2）单击"确定"按钮，调出资产负债表模板。

（3）单击左下角的"格式"按钮，切换到数据状态。在数据状态下，执行"数据"→"关键字"→"录入"命令，打开"录入关键字"对话框。

（4）输入关键字：年"2022"，月"1"，日"31"。

（5）单击"确定"按钮，系统自动根据单元公式计算 2022 年 1 月 31 日数据。若没有生成数据，可以执行"数据"→"整表重算"命令，生成报表数据，如图 10-9 所示。

图 10-9　生成资产负债表

（6）执行"文件"→"保存"命令，将报表数据以"资产负债表.rep"为文件名保存在"考生文件夹"中。

任务三 调用模板编制利润表

✎ 任务描述

通过报表模板编制 2022 年 1 月的利润表。

☕ 任务准备

利润表是反映企业经营成果的报表，是企业对外报送的标准报表。与资产负债表一样，利润表也是企业最为重要的报表。调用报表模板生成利润表的方式与资产负债表的生成方式类似。

✎ 任务实施

（1）执行"文件"→"新建"命令，打开"新建报表"对话框，在"模板分类"列表框中选择"2013 小企业会计准则"，在右侧列表框中选择"利润表"，如图 10-10 所示。

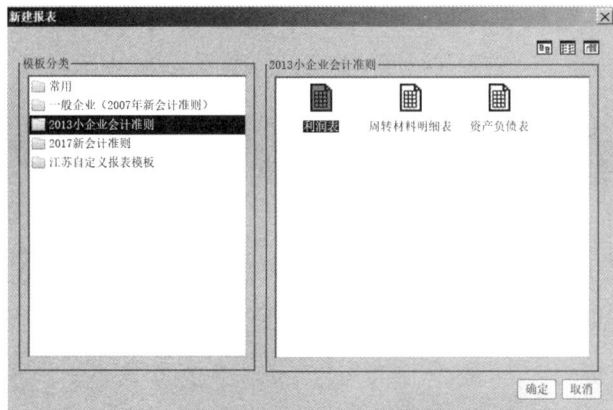

图 10-10　调用利润表模板

（2）单击"确定"按钮，调出利润表模板。

（3）单击左下角"格式"按钮，切换到数据状态，在打开的对话框中单击"取消"按钮。

（4）在数据状态下，执行"数据"→"关键字"→"录入"命令，打开"录入关键字"对话框。

（5）输入关键字：年"2022"，月"1"。

（6）单击"确定"按钮，系统自动根据单元公式计算 2022 年 1 月数据。若没有生成数据，可以执行"数据"→"整表重算"命令，生成报表数据，如图 10-11 所示。

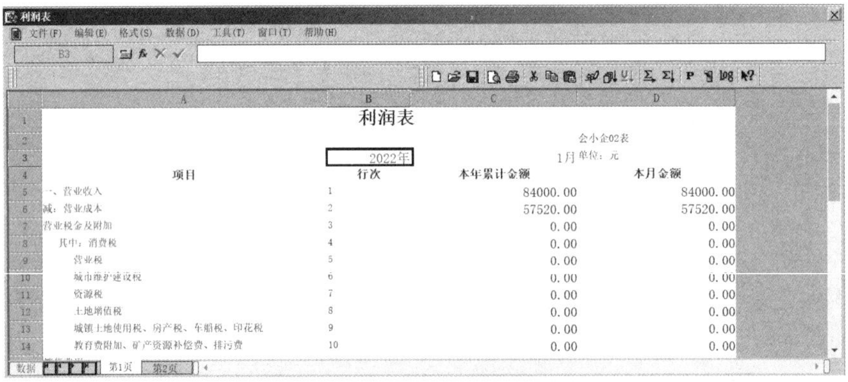

图 10-11　生成利润表

（7）执行"文件"→"保存"命令，将报表数据以"利润表.rep"为文件名保存。

课后实训

【实训目的】

1. 理解报表编制的原理及流程。

2. 掌握设置报表格式、设置报表公式、生成报表数据的操作方法。

3. 掌握如何利用报表模板编制资产负债表和利润表。

【实训要求】

以会计杨雪（编号：103；密码：3）的身份编制财务报表。

【实训内容】扫描二维码，获取详细内容。

实训十

报表管理